厦门理工学院学术专著出版基金资助
厦门理工学院高层次人才项目（YSK16006R）

施金平　著

中国本土会计师事务所的规模效应研究

ZHONGGUO BENTU KUAIJISHI SHIWUSUO
DE GUIMO XIAOYING YANJIU

中国财经出版传媒集团

经济科学出版社
Economic Science Press

图书在版编目（CIP）数据

中国本土会计师事务所的规模效应研究／施金平著．
—北京：经济科学出版社，2018.11
ISBN 978 - 7 - 5141 - 2599 - 3

Ⅰ. ①中…　Ⅱ. ①施…　Ⅲ. ①会计师事务所 - 研究 -
中国　Ⅳ. ①F233. 2

中国版本图书馆 CIP 数据核字（2018）第 276630 号

责任编辑：杜　鹏　刘　悦　陈少波
责任校对：隗立娜
责任印制：邱　天

中国本土会计师事务所的规模效应研究

施金平　著

经济科学出版社出版、发行　新华书店经销
社址：北京市海淀区阜成路甲 28 号　邮编：100142
编辑部电话：010 - 88191441　发行部电话：010 - 88191522
网址：www. esp. com. cn
电子邮箱：esp_bj@ 163. com
天猫网店：经济科学出版社旗舰店
网址：http://jjkxcbs. tmall. com
固安华明印业有限公司印装
710×1000　16 开　10. 5 印张　180000 字
2018 年 11 月第 1 版　2018 年 11 月第 1 次印刷
ISBN 978 - 7 - 5141 - 2599 - 3　定价：49. 00 元
（图书出现印装问题，本社负责调换。电话：010 - 88191510）
（版权所有　侵权必究　打击盗版　举报热线：010 - 88191661
QQ：2242791300　营销中心电话：010 - 88191537
电子邮箱：dbts@ esp. com. cn）

序　言

　　注册会计师行业是商品经济发展到一定程度的产物。随着劳动分工的专业化、经济交易事项的日益复杂化，注册会计师作为独立的第三方，其提供的鉴证服务在经济发展中起着越来越重要的作用，注册会计师行业也因此得到了空前的发展。在当今世界范围内，经济越发达的国家，其注册会计师行业的发展也就越领先。规模化是会计师事务所发展到一定程度后的必然选择。规模化的内在动力是一定范围内企业存在的规模经济。会计师事务所的规模经济效应主要体现在品牌效应、人员培训、经验积累、业务承接、风险的规避与承担等方面。会计师事务所的规模大小通常被认为是其执业能力大小的象征，大型的会计师事务所能够在人员培训、质量管理、业务拓展、经验积累等方面获得足够的规模经济效应。纵观国际"四大"会计师事务所的发展历程，规模化驱动的国际化一直主导着国际"四大"会计师事务所的发展。注册会计师行业是一个特殊的中介服务行业，会计师事务所最终生产的产品是审计报告，通过审计报告对被审计单位财务报告的真实性、公允性和一贯性发表审计意见，具有规模经济效应的会计师事务所在与客户谈判过程中更能保持其独立性，能够有效抵制客户对虚假审计意见的寻租要求。

　　中国注册会计师行业是中国改革开放与市场经济发展的产物，自恢复重建以来，始终与中国经济同呼吸、共命运，随着中国经济的不断发展，中国注册会计师行业将在服务经济发展中不断成长壮大。目前，如何界定会计师事务所的规模效益，中国本土会计师事务所处于规模经济的哪个阶段，影响中国本土会计师事务所规模效应的因素，中国本土会计师事务所规模化应当选择的方式以及中国本土会计师事务所在规模化发展中应该注意哪些问题，这些问题都有待于研究解决。

本书以会计师事务所规模的衡量指标为基础，结合规模经济效应理论，运用数据模型，结合经验分析和个案研究，对 2001～2009 年我国会计师事务所综合排名前 100 位的本土会计师事务所的各项指标进行了回归分析，验证了目前中国本土会计师事务所是处于规模效应递增阶段，并通过对厦门天健会计师事务所历年合并案例的分析，来加以辅助验证；本书还通过与国际"四大"会计师事务所的比较，探讨中国本土会计师事务所规模化发展中所存在的问题，并在此基础上提出增强会计师事务所规模效应的思路和若干措施。本书是以本人 2011 年厦门大学的博士论文为基础，现在已经 2018 年了，原来的研究是否能够经得起时间的考验，或者随着时间的推移，原来的设想是否是合理的，都需要进一步验证，所以我在原来文章最后追加了一个后续章节，就是想看一下时间过去了这么多年了，原来我 2011 年博士论文的研究结论是否能够得到时间的验证。

作　者

2018 年 10 月

目　　录

第 1 章

导　　论

1.1
选题背景与意义

1.1.1　选题背景

注册会计师的审计业务起源于 16 世纪的意大利，在 16 世纪意大利的商业城市中出现了一批具有良好的会计知识且专门从事查账和公证工作的专业会计人员，这些专业人员所进行的查账和公证工作，可以说是注册会计师审计业务的起源。随着这批专业人员人数的增多，他们于 1581 年在意大利的威尼斯创立了威尼斯会计协会，这个协会成为世界上第一个会计职业团体。注册会计师的审计业务虽然是起源于意大利，但意大利对后来注册会计师审计事业的发展影响并不是太大，反而倒是英国在创立和传播注册会计师审计职业的过程中发挥了极其重要的作用。在 18 世纪下半叶，英国的资本主义经济得到了迅速发展，生产的社会化程度大大提高，企业的所有权与经营权开始分离。为了监督经营者的经营管理，防止其营私舞弊、中饱私囊，同时为了保护投资者、债权人利益，英国政府于 1844 年颁布了《合作股份公司法》，1845 年又对《合作股份公司法》进行了修订，规定股份公司的账目必须经公司董事以外的人员审计。此后，英国政府对一批精通会计业务、熟悉查账知识的独立会计师进行了资格确认。1853 年，苏格兰爱丁堡创立了第一个注册会计师的专业团体——爱丁堡会计师协会。该协会的成立，标志着注册会计师职业的诞生。美国的注册会计师制度创建于 1748 年，在这之后得到了迅猛的发展。1887 年美国会计师公会成立，1916 年改组为美国会计师协会，1957 年发展成为美国注册公共会计师协会（AICPA），成为世界上最大的民间审计团体。注册会计师发展和完善于美国发达的资本市场，它是伴随着资本主义生产力的发展而产生和发展起来的，也就是说哪个国家的经济发展比较好、经济发展速度比较快，它的注册会计师行业发展也就较好较快。

注册会计师在中国的发展也已经将近四十年了。自从我国 1980 年恢复了注册会计师制度以来，中国的注册会计师行业也有了长足的发展，并且在很大程度上得到了资本市场和社会公众的普遍认可，但是在新的国内和国际大形势下，中国本土会计师事务所的发展也遭遇了其自身的发展瓶颈，中国本土会计师事务所在参与国际会计师事务所的竞争时常常会感觉到力不从心，甚至很多中国本土会计师事务所最后不得已挂上"洋旗"，成为国际四大或者五大会计师事务所的成员所。

近年来，中国本土会计师事务所掀起了"上规模、上档次"的热潮，通过合并、重组等方式成立了一些颇具实力的大型会计师事务所。从当前的国际审计服务的市场来看，中国本土会计师事务所走规模化发展道路的战略是一种必然的选择，也是一种必然的趋势，其原因主要在于：一方面，中国加入 WTO 的过渡期已经结束了，中国会计市场逐步开放，中国本土会计师事务所将面临日益激烈的挑战，例如外资会计师事务所越来越多地进入中国；另一方面，中国许多本土会计师事务所已经逐渐无法适应国内外资本急剧扩张、业务量及业务复杂程度不断提高而提出的更高层次的要求。因此，为了应对这两方面的挑战，中国本土的会计师事务所必须要实现规模化发展。

针对中国注册会计师行业发展的现状，2006年5月29日中国注册会计师协会在北京举办了以"会计师事务所内部治理与规模化发展"为主题的第三届注册会计师论坛，对于注册会计师行业的发展方向问题展开了深入的讨论。时任财政部副部长王军指出，近年来，中国企业在国际资本市场中日渐活跃，中国企业到境外投资融资、跨国并购越来越多，这客观上就需要尽快形成一批有规模、有实力的会计师事务所，紧随中国企业国际化发展的步伐，走出国门提供延伸服务。如果中国本土会计师事务所实力太弱、个头太小，那么它不仅无法抓住进军国际市场的机遇，就是在国内也难以应对市场开放条件下日益激烈的竞争。2007年5月26日，中国注册会计师协会发布了《中国注册会计师协会关于推动会计师事务所做大做强的意见》，提出在形成会计师事务所规模和地域合理布局、整体素质全面提升的同时，用5～10年的时间，发展培育100家左右具有一定规模、能够为大型企业和企业集团提供综合服务的会计师事务所，同时在此基础上，发展培育10家左右能够服务于中国企业"走出去"战略、提供跨国经营综合服务的国际化会计师事务所。

2009年10月3日，国务院办公厅转发了财政部《关于加快发展我国注册会计师行业的若干意见》，该意见提出的基本原则是要立足中国国情，借鉴国际经验，在遵循法制要求和市场规则的前提下，大力支持会计师事务所改革创新，积极探索加快注册会计师行业发展的多种模式、途径和方法，鼓励优化组合、兼并重组、强强联合，促进行业走跨越式发展道路。主要目标是重点扶持大型会计师事务所加快发展，力争通过5年左右的时间，努力实现重点扶持10家左右具有核心竞争力、能够跨国经营并提供综合服务的大型会计师事务所，推动其国际化业务发展。2010年2月12日，中国注册会计师协会针对上述意见，发布了关于印发《关于贯彻落实国务院办公厅转发财政部关于加快发展我国注册会计师行业若干意见的实施意见》的通知，大力支持和引导会计师事务所做大做强。

2012年前后，在获取H股证券审计资格等多个因素的影响下，本土大的会计师事务所纷纷大举合并，掀起了又一轮的会计师事务所的合并高潮。此次合并开始于 2012 年 6 月中国注册会计师协会发布了关于进一步做大做强的文件。该文件发布之后，国内会计师事务所加快了合并的速度，掀起了新一轮的合并浪潮。此次合并浪潮中，国内会计师事务所不再是单纯、被动的参与合并，而是主动、积极地合并，为的是实现做大做强，逐步缩小与国际"四大"会计师事务所的综合实力差距。

1.1.2　选题意义

建立和完善社会主义市场经济体制，促进中国经济社会持续健康的发展，我们就需要大力发展会计、审计等经济鉴证类中介服务行业。加快发展中国注册会计师行业，对于提高中国社会主义市场经济发展质量，提高中国企业信息的可信度，建立信用社会，保护中小投资者的合法权益，维护国家经济信息安全具有重要的意义。

注册会计师行业是注册会计师运用其专业特长，对企事业单位会计信息进行鉴证，并提供会计、审计、税务、管理咨询等商务服务的中介服务行业。改革开放以来，中国注册会计师行业经过恢复重建和不断地完善发展，已经初步取得了一些成绩。根据中国注册会计师行业管理信息系统显示，截至 2016 年 12 月 31 日，全国有注册会计师 103 081 人。2016 年第四季度新批注册会计师 1 360 人，撤销、注销注册会计师 950 人，全国注册会计师比上一季度末净增加 410 人。截至 2016 年 12 月 31 日，中注协非执业会员达到 121 987 人（其中国国外及港澳台地区非执业会员 560 人）。2016 年第四季度新批非执业会员 966 人，注册会计师转非执业会员 833 人，取消登记（转执）485 人，取消资格 376 人。全国非执业会员比上一季度末净增加 938 人。截至 2016 年 12 月 31 日，中国注册会计师协会会员达到 225 068 人。截至 2016 年 12 月 31 日，全国共有会计师事务所 8 460 家。其中，总所 7 414 家，分所 1 046 家。2016 年第四季度全国会计师事务所比上一季度末净增加 8 家，其中批所 47 家（含分所 20 家），撤所 39 家（含分所 12 家）。其中，具有证券期货业务资格会计师事务所 40 家，获准从事 H 股企业审计业务的内地大型会计师事务所 11 家，这 40 家会计师事务所集中了全国规模最大、服务能力最强的会计师事务所，服务中国 3 300 多家 A 股上市公司，1.1 万多家"新三板"公司等客户。这 40 家会计师事务所 2016 年度业务收入达到 440 亿元，其中，证券业务收入年均增长率达 27.58%；业务收入超过 10 亿元的会计师事务所达到 13 家；注册会计师人数达到 2.6 万人，年均增长率达 5.3%；他们在全国的 30 个省、直辖市设立了 665 家分所。

中国注册会计师行业总的从业人员近 30 万人。注册会计师执业范围和服务对象日益拓展，执业能力也在不断提高；同时中国注册会计师行业的监管水平也在稳步提高，相关法律制度体系基本健全，中国注册会计师行业的社会影响力和国际话语权也在逐步增强，注册会计师行业已经成为促进中国经济社会健康发展不可或缺的力量。但是，中国注册会计师行业由于起步比较晚、原有的基础比较薄弱、发展的过程比较曲折等，导致中国注册会计师行业的整体水平与中国的经济社会发展要求和全球会计行业发展水平还有较大差距。

目前中国会计师事务所的规模总体偏小，难以应对国际化的会计师事务所的竞争。所以，从中国经济发展与注册会计师行业发展的需要来看，实现国内本土会计师事务所上规模、上水平发展已经提上日程。正如中国注册会计师协会会长刘仲黎所说："加入 WTO 以来，中国会计服务市场需要进一步对外开放，因而中国会计服务市场的竞争会日趋激烈。国际会计师事务所在一些高端领域对中国国内会计师事务所造成巨大冲击。如果国内会计师事务所不能够正视现实，在挨打和守势中觉醒，那么随着高端客户和高端市场的逐渐流失，或许只能越做越小，竞争力将越来越弱，最后或许就无法生存。面对生存和发展的压力，必须发展出一批既大又强的国内会计师事务所，作为中国注册会计师行业的领头羊和排头兵，承接高端业务，参与国际竞争，进而影响和带动整个注册会计师行业的发展和壮大。"

从目前来看，中国会计师事务所规模化发展的条件已逐渐成熟。首先，近几年来，中国注册会计师行业发展理念不断成熟，发展速度持续加快，发展势头日趋良好。其次，相关部门也对会计师事务所的发展给予有力的支持。中国本土会计师事务所也在不断探索如何走规模化发展之路，如 2006 年 9 月以来，中国本土一些大的会计师事务所合并频繁，这无疑为带动更多的会计师事务所做大做强，壮大中国会计师事务所的民族品牌，最终在国际舞台上可以与国际会计师事务所同台竞争，起到了很好的榜样和示范作用。

可以说，参与国际竞争是中国本土会计师事务所规模化发展的外在要求，追求获取规模经济效益是其规模化的内在动力。那么，中国本土会计师事务所是否是处于规模效应递增的发展阶段呢？如果是处于规模效应递增的发展阶段，中国本土会计师事务所规模化应当选择什么方式进行规模化发展呢？同时在规模化发展中应该注意哪些问题，针对这些问题需要采取什么样的解决策略呢？这些都是值得我们思考的命题。由此可见，目前对中国本土会计师事务所规模效应问题进行研究具有极强的现实意义。本书通过对中国本土会计师事务所规模效应问题进行系统的分析研究，以期对当前中国本土会计师事务所的规模化发展能够起到一些积极的推动作用，从而使中国本土会计师事务所朝着良性、规范和健康的方向发展，不断壮大。

1.2

研究思路与方法

1.2.1 研究思路

本书的研究步骤设计如下。

（1）通过收集国内外会计师事务所规模效应理论研究的发展史和最新动态，主要通过类比、分析等方法，获取会计师事务所规模化理论研究的分类及其特征，最终演绎出会计师事务所规模效应发展简史。

（2）进行国内外文献综述，从会计师事务所规模化的理论基础、会计师事务所规模化的衡量标准及会计师事务所规模化的制度背景入手，论述了目前衡量会计师事务所规模的几种指标及会计师事务所规模化的制度背景。然后阐述了会计师事务所规模效应的动因问题。

（3）对国内外会计师事务所规模效应发展的历程进行对比分析，并寻找两者之间的差异以及差异的原因。通过对国际四大会计师事务所和中国本土会计师事务所规模效应的一般过程和现状的考察，发现中国本土会计师事务所与国际会计师事务所相比还存在着经营规模水平、人力资源的结构配置、公司治理平台、业务关联领域和服务网络质量等方面的差距，并从宏观因素和微观因素两个方面分析差距产生的原因。

（4）进行经验分析及评价，分析了中国本土会计师事务所的规模化情况。运用中国会计师事务所 2001～2009 年的排名数据，对中国会计师事务所市场垄断情况进行描述性统计，并运用经济学模型验证中国本土会计师事务所处于规模效应的哪个阶段，最后对厦门天健会计师事务所的合并案例进行分析，从而进行进一步的验证与说明。

（5）为了增强本土会计师事务所的规模效应，提出参考的思路和建设性措施：鉴于中国会计师事务所参与率很高但集中度较低的问题，提出了要培育寡占型的上市公司审计市场结构的观点；鉴于会计师事务所规模化是一个自然的历史的过程，有着内在的经济规律性，提出要遵循市场经济发展规律的观点；鉴于会计师事务所在规模化发展中的成本效益与执业质量问题，提出要树立正确的成本效益观念，提升会计师事务所执业质量的观点；最后，鉴于会计师事务所构建规避风险壁垒的需要，提出要拓展注册会计师行业执业领域，实施多元化战略，并针对中国会计师事务所优势人才资源稀缺的状况，提出要加大国际化人才培养力度的建议。

（6）为了验证前面五个步骤研究得出的结论是否正确或者合适，因为本书是以笔者 2011 年在厦门大学的博士毕业论文为基础写就的，现在已经2018 年了，7 年时间过去了，现在让我们回头去看看，原来文章所形成的结论是否正确或者合适，文章的结论是否能经得起时间的检验，研究的过程及方法等是否存在缺陷与偏差，事情有没有按我们原来所想象的那样去发展。

1.2.2 研究方法

1.2.2.1 以规范分析为主，结合必要的实证研究

实证分析与规范分析是经济分析的基本方法。实证分析只是对事实做客观描述，是研究者对所观察到的现象，以实际情况为依据，运用实证研究方法，解释和预测客观事物，而不对行为结果作价值判断，主要回答一件事情"实际是什么"；规范分析研究判断经济行为"好""坏"的标准，并用这些标准去衡量、评价经济行为"应该是什么"，而不仅限于说明"是什么"。事实上，实证分析与规范分析这两种方法往往是联系在一起的。实证分析中往往包含着一些个人的价值判断，而规范分析又是建立在对实际运行过程了解的基础上。本书的研究试图从两种方法联系的角度入手，通过对现实问题的具体研究，在回答"是什么"的基础上，提出"该怎样"的对策建议。本书运用数据模型，实证分析了目前中国本土会计师事务所规模效应的情况，并辅助以案例分析加以说明；同时通过叙述中国本土会计师事务所在规模化发展过程中存在的问题，提出一些针对性的建议。

1.2.2.2 比较分析与逻辑归纳相结合

比较分析包括历史比较分析和国际国内比较分析，比较既是基于时间也是基于空间。本书在时间维度的分析，试图清晰阐明国内会计师事务所规模化发展的轨迹，而空间维度的分析则让我们了解国内会计师事务所规模化和国际会计师事务所规模化的差别。其目的是想更清楚地了解国内会计师事务所规模化过程中存在的问题，之后采用归纳总结的方法提出国内会计师事务所规模化应该注意的问题及其对策。

1.3

研究创新与不足

1.3.1　研究创新

1.3.1.1　选题的角度

国家相关部门一直大力提倡做大做强中国本土会计师事务所，让其走出国门参与国际竞争。那么，中国本土会计师事务所是否是处于规模效应递增的发展阶段，在现阶段是否适合做强做大呢？它们是否有能力参与国际竞争呢？这些问题都迫切需要进行深入研究和探讨，因此对中国本土会计师事务所规模效应问题进行研究具有极强的现实意义。本书选择对中国本土会计师事务所规模效应问题进行研究，从选题上讲本书具有很强的实际意义，从研究内容上讲具有一定的现实价值和前瞻性。

1.3.1.2　研究的方法

目前，有关会计师事务所规模效应问题的研究大都单纯采用规范研究的方法，较少采用规范研究与实证研究相结合的方法，在有限的实证研究文献中，其使用的数据几乎都是 1 年的数据，存在数据量较少以及样本时间窗口不够的缺点。本书以会计师事务所规模的衡量指标为基础，结合规模经济效应理论，运用数据模型，对 2001 ~ 2009 年中国会计师事务所综合排名前 100 位的会计师事务所的各项指标进行了回归分析，验证目前中国本土会计师事务所规模效应情况，并通过对厦门天健会计师事务所历年合并案例的分析来加以辅助验证，同时通过与国际"四大"会计师事务所的比较，探讨中国本土会计师事务所规模化发展中所存在的问题。

由于中国注册会计师行业真正起步的时间比较晚，目前还较少有学者对中国本土会计师事务所规模效应问题进行详尽系统的研究。笔者在国内大型会计师事务所厦门天健会计师事务所工作了 7 年多，在福建的上市公司也从事高管工作 6 年；平常对中国注册会计师行业发展进行持续热切的关注，并且连续两年参加了为时 3 个月的福建省财政厅联合注册会计师协会对中国本土会计师事务所的检查活动，因此在一定程度上比较了解中国本土会计师事务所发展的实际情况，也比较熟悉有证券执业资格会计师事务所的服务对象，即中国的上市公司及"新三板"挂牌企业。在研究方法上，文章采用了规范分析与实证研究相结合的研究方法，其中实证研究又采用了数据模型分析研究和案例分析研究相结合，突破了研究方法单一的局限。

1.3.1.3 体例模式

本书研究的比传统的写作多增加了一个步骤环节，这个步骤环节主要是为了验证前面五个步骤研究得出的结论是否正确，因为本书是以笔者 2011 年在厦门大学的博士毕业论文为基础写就的，现在已经 2018 年了，已经 7 年时间过去了，现在让我们回头去看看，原来文章所形成的结论是否正确或者说是否合适，其形成的结论是否能经得起时间的检验，研究的过程及方法等是否存在缺陷，故事有没有按我们原来所想象的那样去发展演绎。所以本书的章节安排，跟传统的文章还是有一定的区别的。

1.3.2 研究不足

本书主要存在以下方面的不足。

（1）由于自身的局限性，笔者可能对目前中国本土会计师事务所规模化发展中存在问题的理解还不够深入和透彻，相关的研究资料掌握得不全面，这就可能会造成认识不清、概念不明、陈述不当及判断推理上的以偏概全等错误。在实证研究方法上，可能存在方法使用不当或者使用的方法过于简单的问题，从而造成研究不够深入或者研究的结论产生一些偏差。

（2）由于时间和资料的限制，以及自身学识、眼界等的诸多约束，可能导致研究质量上的偏差。笔者阅读的著作和文章较为有限，特别是外文文献，在写作中尚有很多不足之处，比如对于中国会计师事务所规模化发展的现实调研比较欠缺，对于世界各国的会计师事务所规模化的了解还不够透彻。伴随着中国更多的会计师事务所走规模化发展之路，有关规模化发展的理论及实务也会逐渐成熟，该研究还有待于进一步深化。同时本书最后一部分对增强本土会计师事务所规模效应的发展，提出的几点建议还很浅薄，这一部分也需要在今后的实践当中进一步研究与完善。

1.4

框架结构

近几年来，中国注册会计师行业的发展趋势与美国会计师事务所的发展路线类似，具有大者恒大、小者恒小的特点。伴随着资本自由流动、人才自由流动、经济自由化、国际化的潮流，会计师事务所的合并，在未来只会更加频繁。本书的研究结果证明，中国本土会计师事务所目前处于规模效应递增阶段，从而支持了目前会计师事务所合并浪潮的合理性，也说明了国家大力支持和鼓励中国本土会计师事务所做大做强具有经济学依据。本书分为 6 章，其研究内容、体系结构安排如下：

第 1 章导论，主要论述选题背景和选题意义、研究思路和研究方法、创新与不足以及框架结构。

第 2 章文献综述及会计师事务所规模经济概述，综述国内外有关会计师事务所规模效应的相关文献，对中国本土会计师事务所规模效应的研究成果进行了简单评析，对中国会计师事务所规模化的制度背景、会计师事务所规模化的衡量标准、会计师事务所规模化动因等，进行了理论基础分析。

第 3 章国内外会计师事务所规模化发展的历史路径分析，包含中国会计师事务所规模化过程、国际四大会计师事务所的规模化历程、中外会计师事务所规模化发展的比较。

第4章中国本土会计师事务所规模效应的经验分析，运用中国会计师事务所2001～2009年的排名数据，对中国会计师事务所市场垄断情况进行描述统计；并运用经济学模型对中国会计师事务所处于规模效应的哪个阶段进行验证；最后对厦门天健会计师事务所的合并案例进行分析，来做进一步的验证说明。

第5章对中国本土会计师事务所规模化发展的思路与建议，提出相关的思路和建设性的措施。包括培育寡占型审计市场结构、拓展服务领域、培养国际化人才等建议。

第6章研究结论的验证，就是经过了这么多年时间，现在回头来看，2011年在厦门大学的博士毕业论文所形成的结论是否正确，是否能经得起时间的检验，研究的过程及方法等是否存在缺陷，故事有没有按我们原来设想的那样发展。

第2章

文献综述及会计师事务所
规模经济概述

本章主要对迄今为止与研究中国本土会计师事务所规模效应相关的主要文献做一综述，对会计师事务所规模效应的理论基础进行初步简单的介绍。

2.1
文献综述

2.1.1 国外文献综述

从20世纪60~80年代开始，国外就有大量的财务会计文献对会计师事务所的规模化发展进行探讨和研究，经过初步的归纳，他们对于会计师事务所规模效应的研究主要集中以下三个方面。

2.1.1.1 会计师事务所的规模与审计质量的关系

迪安基洛（DeAngelo，1981）认为，大型会计师事务所拥有两大优势：一是大型会计师事务所具有较强的担保能力；二是大型会计师事务所具有更强的相互监督动力。大型会计师事务所为其审计服务提供的担保，其质量远远高于注册会计师执业协会认可的单个审计师为其审计服务提供的担保，即大型会计师事务所比单个被认可了的审计师更有可能抵抗客户不许审计师报告违约行为的压力，即大型会计师事务更能保持独立性。这是由于大型会计师事务所拥有众多的客户，单个客户更换会计师事务所引起的"准租金"损失可能小于因未能报告违约行为而造成的对会计师事务所的声誉及其审计收入的影响。而合伙人信誉之间的密切联系，以及大型会计师事务所面临的较大潜在责任，也会使得会计师事务所内部的互相监督得到加强。

瓦茨和齐默尔曼（Watts & Zimmerman，1983）证明了会计师事务所规模是审计质量的替代指标。他们认为大型的会计师事务所会提供较高质量的审计服务，因为大型的会计师事务与小规模的会计师事务所相比，大型的会计师事务所能更有效地监督合伙人的行为。

贝提（Beatty，1986）研究认为会计师事务所的规模已经成为一种信号机制和一种担保机制。尽管国际四大会计师事务所也存在着审计失败，但投资者仍将国际四大会计师事务所作为高质量审计服务的代名词，愿意支付更高的审计费用，也就是说，大规模的会计师事务所能保证高质量的审计服务，合并是形成大规模会计师事务所，满足市场对高质量审计服务需求的重要途径。

帕姆罗斯（Palmrose，1988）的研究也表明了国际八大（国际四大会计师事务所合并之前是国际八大会计师事务所）会计师事务所提供的审计服务质量与非国际八大会计师事务所提供的审计服务质量具有差异性，国际八大会计师事务所的审计服务的质量明显高于非国际八大会计师事务所提供的审计服务质量。

摩尔和斯科特（Moore & Scott，1989）针对会计师事务所面临的法律风险建立了相关模型，并分析了会计师事务所承担法律责任的限度，是如何影响其对审计工作量以及是否与管理当局合谋的选择。他们的观点是，会计师事务所的规模越大，越有可能执行更详细的审计工作程序，其与管理当局合谋的动机也就越小。

德丰和马克（Defond & Mark L，1992）将会计师事务所规模这一指标进行量化，并提出可以根据接受某一会计师事务所审计服务客户的主营业务收入合计数来衡量会计师事务所的规模。

科菲和维斯特波特（Keefe & Westportt，1992）的研究也认为，存在两个原因使会计师事务所规模与审计质量存在联系：一是大规模会计师事务所的从业人员会在职业团队当中学习到更多的专业知识，他们比小规模会计师事务所的从业人员具有更高程度的行业专长；二是有实证证据表明，大规模会计师事务所比小规模会计师事务所会为从业人员提供更多、更完善的后续职业教育。

戴伊（Dye，1993）认为会计师事务所规模与审计质量之间应当存在正相关关系，他对这一推论的解释是，在涉及法律诉讼时，大型会计师事务所拥有更多财富，有着更深的"口袋"，即更多的财务资源，因此，它们更有动机为避免遭受财产损失而发表高质量的审计报告。

班多帕德海和杰尼费（S. P. Bandyopadhyay & L. K. Jennifer，2001）研究认为规模较大的会计师事务所审计收费虽然高于小规模会计师事务所的审计收费，但是这种收费溢价主要来源于规模大的会计师事务所提供的高质量审计服务，而不是因为它们的垄断能力。

弗朗西斯和迈克（Jere R. F. rancis & D. Yu Michael，2009）通过检查2003~2005年期间，285家国际四大会计师事务所办事处出具的6 568家美国公司的年度审计报告，结果发现规模较大的国际四大会计师事务所办事处会提供更高质量的审计报告。具体来说，大办事处更容易发出持续经营审计报告，并且较大办事处的客户较少有盈余管理行为。大办事处的客户风险因素比较稳健，并且大办事处的其他注册会计师有进行广泛的控制。

崔振浩等［Jong-Hag Choi，Chansog（Francis）Kim，Jeong-Bon Kim，and Yoonseok Zang，2010］使用2000~2005年的美国公司审计客户的大样本，研究会计师事务所的规模如何影响审计质量和审计收费。研究结果表明，会计师事务所的规模与注册会计师行业的专业知识水平都与审计质量控制和审计费用有着正相关的关系。这些积极的关系，支持大型的会计师事务所比小型的会计师事务所提供更高质量审计服务的观点。

许多研究认为会计师事务所合并有助于夯实审计基础进而提高审计质

量。具体而言，合并有利于提高会计师事务所的独立性，有助于会计师事务所进行专业化投资和技术研发，招募更多高素质的人才，提升专业胜任能力（Carson，2009；Gong et al.，2016）。然而，对以上影响路径的分析建立在一个前提假设之上，即会计师事务所是进行了实质性合并，合并后整合效果良好。但遗憾是，目前还比较缺乏关于会计师事务所合并整合效果经验数据的支持。

2.1.1.2　会计师事务所合并对审计市场集中度的影响

泽夫与福瑟姆（Zeff & Fossum，1967）在 Accounting Review 发表的题为 "An Analysis of Large Audit Clients" 的文章，首次对会计师事务所进行了一个大规模的调查活动。他们以 1965 年 8 月入选《财富》500 强的公司为样本，根据会计师事务所客户的营业收入、资产和净收益指标计算会计师事务所的市场份额。他们发现，按营业收入、客户数指标分别计算的八大会计师事务所的市场份额分别是 94.80% 和 92.70%，因此他们认为八大会计师事务所在大型客户市场中占有垄断地位。

罗德和凯尔西（Rhode. Whitsell & Kelsey，1974）又以 1971 年和 1972 年与泽夫与福瑟姆同样的数据来源以及统计口径，计算国际八大会计师事务所在大客户市场中的份额，他们发现，国际八大会计师事务所按客户数量指标和按营业收入指标计算的市场份额分别从 1964 年的 92.70% 和 94.80% 上升到了 1971 年的 93.87% 和 96.45%。虽然其中发生客户更换会计师事务所的情形（从国际八大会计师事务所到非国际八大会计师事务所，或者从非国际八大会计师事务所到国际八大会计师事务所），但是，国际八大会计师事务所在大客户市场的垄断地位基本没有改变。显然作为审计服务对象的大型客户一般来说会选择大型的会计师事务所为它们提供审计服务。

米亚和塔伯（Minyard & Tabor，1991）考察了 1989 年恩斯特·惠尼会计师事务所（Ernst & Whinney）与亚瑟·杨会计师事务所（Arthur Young）的合并，以及 Deloitte Haskins & Sells 与 Touché Ross 的合并对审计市场集中度的影响，他们发现由合并导致的市场集中度的增加并没有减少竞争，竞争在合并后反而有所增强，因为随着两个最小的会计师事务所在合并中的消失，市场更不容易被一两个大的会计师事务所占据。他们认为，如果会计师事务所在合并前从事于不同行业的审计服务，则合并导致市场集中度的增加不会影响特定行业的审计服务。

汤奇与伍顿（Tonge & Wootton，1994）也对国际八大会计师事务所合并所带来的影响进行了实证检验，他们得出相似的结论，即国际八大会计师事务所的合并没有对审计市场的竞争状况造成影响，而且随着国际八大会计师事务所的合并，合并后的审计市场份额变得更加均衡，审计市场的竞争在未来会增强。这表明国际八大会计师事务所的合并增加了而不是减少了审计市场的竞争程度。

弗兰西斯、斯托克斯和乔林（Francis & Stokes，Anderson；1999）对1989年国际八大会计师事务所合并的实证研究结果表明，会计师事务所市场集中度的提高不仅能增加审计市场的竞争程度，而且还会提高会计师事务所的经营效率，说明会计师事务所通过合并与社会公众之间实现了"双赢"的局面。

费尔丁和阿古（Ferdin & Agu，l999）对香港1993年审计市场的实证研究发现：规模最大的六家会计师事务所无论在大客户还是在小客户的审计市场，六大会计师事务所审计收费明显高于非六大会计师事务所。

伊万切维奇和扎德科希（Ivancevich & Zardkoohi，2000）从获得垄断能力和提高经营效率两方面对1989年国际八大会计师事务所的合并对美国审计市场的影响进行了较为全面的考察，认为合并提高了国际八大会计师事务所的经营效率，合并使国际八大会计师事务所获得了垄断能力。

美国审计总署研究报告（2003）表明，随着安达信会计师事务所的消亡，国际四大会计师事务所在美国的审计市场份额得到进一步的提高，大型上市公司审计市场结构更趋向于高度寡占型。国际四大会计师事务所占据了60%以上的审计市场份额；在大上市公司审计市场中，国际四大会计师事务所占据了销售收入大于2.5亿美元上市公司市场份额的97%以上。

国际四大会计师事务所也占据了国际市场的主导地位,国际四大会计师事务所对大客户市场的寡占使得其余较小规模的会计师事务所面临巨大的进入壁垒。同时该报告还认为,尽管还没有证据表明审计市场的高度集中有损竞争,但在未来,国际四大会计师事务所有可能影响特定行业上市公司选择会计师事务所和审计市场的竞争性。

阿帕斯托洛斯和艾琳法法利(Apostolos A. Ballas & Irene Fafaliou,2008)研究了15个欧盟成员国家的审计服务市场集中度的变化。研究样本包括了1998~2004年的2 862个会计师事务所的客户。研究结果显示,总体样本的集中度随着时间的推移而增加。欧盟15个成员国的审计市场集中度,其中12个国家在安达信会计师事务所解散后增加了,3个国家降低了。按经济部门划分的结果表明,除能源部门外,其他所有部门的审计集中度都增加了。

李家池(Chia-Chi Lee,2010)对台湾的审计市场结构的变化进行研究,探讨对注册会计师行业的市场集中度和市场竞争类型的影响因素。经验数据来自台湾地区政府公布的公共会计师事务所的报告(1989~2003年)。主要调查结果表明,大型的国际会计师事务所主宰了大部分的审计市场。此外,国际四大会计师事务所在1992~1997年市场集中度低于其他时期。由于在2001年台湾地区收紧了注册会计师考试注册的合格率,国际四大会计师事务所的市场集中度有上升的趋势。会计师事务所在1999年和2003年的兼并都促进了国际四大会计师事务所的市场集中度的增加。

2.1.1.3 会计师事务所规模化的绩效分析

卡彭特和斯特沃斯(Carpenter & Strawser,1981)以1979年第四季度至1980年第一季度期间首次公开发行股票的379家公司为样本,研究结果发现这些公司在"上市"过程中常常将地方性和区域性的会计师事务所更换为全国性大型会计师事务所。

贝提(Beatty,1989)也找到了国际八大会计师事务所具有信号作用的支持证据,他们发现,投资者如果投资于那些选择大型会计师事务所作为主审会计师事务所的 IPO 公司的股票，其在一级市场的投资收益率较低。由此看来，IPO 公司能靠聘请大型会计师事务所来提高发行价格；同时，市场对国际八大会计师事务所的高质量服务能做出积极反应。

约翰逊·沃克和韦斯特加德（Johnson. Walker & Westergaard，1995）在对新西兰审计市场的实证研究中，发现规模最大的五个会计师事务所的审计收费相比较其他会计师事务所的审计收费而言，平均高出了 24.1%。

崔和泽哈尔（Choi & Zeghal，1999）检验了审计市场会计师事务所合并的后果。他们调查了十个国家（加拿大、丹麦、法国、德国、意大利、荷兰、瑞士、瑞典、英国和美国）的会计师事务所合并前后审计市场的集中度。大型会计师事务所被发现合并前主导市场，这种主导地位在合并后会进一步加强，这种现象在欧洲市场尤其明显。

伦诺克斯（Lennox，1999）在控制客户特征的基础上，对会计师事务所规模与审计意见准确性之间的关系进行了考察，研究得到的结论是，作为显示被审计单位是否面临财务困境的重要信号，大型会计师事务所发表审计意见的准确性显著高于小会计师事务所。

伊丽莎白卡森等（Elizabeth Carson，Neil Fargher，Daniel T. Simon and Mark H. Taylor，2004）探讨国际六大会计师事务所在为不同市场规模客户提供的审计服务环节是否存在品牌溢价。作者用了五年（1995 ~ 1999 年）澳大利亚公司审计费用的数据样本，发现国际六大会计师事务所在审计小客户时存在品牌溢价。作者没有发现国际六大会计师事务所在审计大客户时存在品牌溢价。

亨克路易斯（Henock Louis，2005）分析了私人公司收购者选择会计师事务所的规模及市场对于收购兼并的反应程度的影响。研究发现，非国际四大会计师事务所审计的收购者的市场反应，胜过那些由国际四大会计师事务所审计的收购者的市场反应。当公司是私人持有时这种效应更加明显，在收购的过程中，注册会计师的咨询作用明显增加，而国际四大会计师事务所通常被假设是提供优质的审计服务，这项研究表明，小会计师事务所在合并交易中有协助他们客户的相对优势。

因此，从国外研究的三个方面可以看出，会计师事务所的规模对于其整个审计服务市场的影响相当显著，无论是体现市场占有率的指标——市场集中度，还是对于审计质量的提高，以及对会计师事务所的经营绩效都会产生了重要的影响，会计师事务所只有具备相当的规模和市场份额，规模效应才会显现，核心竞争力才会增强。

2.1.2　国内文献综述

注册会计师行业发展研究虽然起源并盛行于西方发达的会计市场，但在注册会计师发展过程中常见的注册会计师诚信问题、发展困境问题、规模化发展及并购问题、注册会计师行业规模效应问题、注册会计师发展对策问题等，在中国注册会计师行业短暂的发展历程中也并不鲜见。随着中国注册会计师行业的不断发展，这些问题有蔓延之势，这些问题能否有效解决，对本土会计师事务所的规模化发展，以规模效应带动全行业发展战略的提升至关重要，也对实现财政部提出的会计师事务所做大做强的发展思路至关重要。因此，近年来对注册会计师行业发展的相关研究也已经成为中国理论研究及实证研究的热点，下面将从本书研究目的的视角进行相应文献的回顾。

中国对会计师事务所规模化发展的研究相对于国外的研究而言起步比较迟，其研究主要集中在会计师事务所规模化的原因、规模化的方式、组织形式选择和审计收费等方面。

李树华（2000）对中国 1993～1996 年间中国证券审计市场的运行状况进行了研究，并得出如下结论：无论是在独立审计准则颁布实施以前还是颁布实施以后，大型会计师事务所都比小会计师事务所具有更高的审计独立性，表明大型会计师事务所提供了更高质量的审计服务。

章永奎、刘峰（2002）考察了中国 1998 年证券审计市场的相关特征，发现不同类型的会计师事务所审计质量存在差异，大型会计师事务所的审计质量好于小规模的会计师事务所。

王广明、谭宪才和雷光勇（2002）所持的观点是，会计师事务所规模传递的关于会计师事务所执业水平的信息之所以可信，原因在于：（1）会计师事务所规模越大，剩余风险的承担能力越强，对委托人和报告使用者的利益保证程度也就越高，而剩余风险承担能力的增强，是以注册会计师和会计师事务所自身利益作为代价的，所以规模大的会计师事务所要获得行业平均利润和不被市场淘汰，在审计收费一定的情况下，就必须要有较高的执业水平和较低的审计失败率。（2）根据大数定律，对于较大规模的会计师事务所，可以以较高置信度来推断审计失败的概率。（3）对于规模较大的会计师事务所，来自每一个客户的审计收入占其总营业收入的比例相对较小，其因为低质量的审计服务而遭受惩罚时，丧失客户和声誉受损而导致的机会成本远远大于规模相对较小的会计师事务所，因此规模较大的会计师事务所更容易抵制来自客户管理层的压力，而保持其独立性，并在权衡当前收益和机会成本后理性地保持较高的审计质量。

刘明辉、李黎和张羽（2003）对中国会计师事务所审计质量与审计市场集中度之间的关系进行了实证分析，结果表明中国会计师事务所审计质量与审计市场集中度之间存在着一种倒"U"型的函数关系，在当前市场集中度较低的情况下，审计市场集中度的提高有利于改善审计质量。因此，通过会计师事务所的大规模合并来提高审计市场集中度、优化审计市场结构，这是有效解决中国审计收费低以及审计质量恶化问题的方式之一。

夏冬林、林震昃（2003）的研究表明，无论从审计市场的集中度看，还是从收费水平以及利润率看，中国的审计市场都还是一个过度竞争的市场。

李斌（2004）对深圳交易所 A 股 2002 上市公司的主审会计师事务所的规模与审计收费问题进行实证研究，结果表明会计师事务所的规模与审计收费呈显著的正相关关系，即会计师事务所规模越大，其审计收费就越高。

此外，还有一些学者针对中国两次较大规模的合并重组浪潮进行研究，研究表明：

（1）第一次合并浪潮——1998 年的脱钩改制，为注册会计师的独立性提供了制度基础。如王跃堂、陈世敏（2002）用 1997～1998 年的有关数据，以脱钩改制后 106 家具有证券期货相关业务资格的会计师事务所为研究对象，就脱钩改制对审计质量所带来的实际效果进行了实证研究，结果表明,脱钩改制不仅显著地增强了注册会计师的风险意识,而且明显提高了审计独立性。易琮(2000)以会计师事务所业务收入为参变量,分别统计了1997~2000年间中国排名前8位、前20位的会计师事务所的业务收入总额,并计算了行业集中率。她的研究发现,中国审计市场的集中度有不断提高的趋势:CR20指数由1999年的18.94%上升至2000年的19.89%,CR8由13.57%变为14.27%,尽管幅度不大,但市场集中度仍在提高。这说明脱钩改制有利于扩大会计师事务所规模,提高审计市场集中度。

(2)第二次合并浪潮——2000年规模合并重组。吴溪(2002)以1999年年末的数据为基础,对2000年审计市场结构进行了实证研究,发现前10位会计师事务所的市场份额由1999年的34.93%上升为2000年的39.34%,市场份额增加了4.41%,前20位会计师事务所的市场份额则由1999年的56.26%上升为2000年的60.64%,市场份额增加了4.38%,分析结果表明此次合并事件扭转了审计市场集中度的下降趋势,有利于中国证券市场的良性发展。

中国注册会计师协会课题组(2001)分析了会计师事务所规模化经营的形成机理和内外动因,认为国内会计师事务所扩大规模的当务之急是首先要促进大型会计师事务所的成长,然后再以之为核心,对外扩散形成网络体系。具体而言,培育核心会计师事务所→发展国内成员所→吸收国际成员所→进军国际会计市场,可以是国内会计师事务所规模化经营的主要发展过程。郝大伟(2001)认为在当时的会计师事务所现状和法律框架下,有效扩大会计师事务所规模的途径主要有五种,即兼并、联合、业务扩充、设立分支机构、国际合作等。谭燕(2005)运用成本比较说,论证了会计师事务所执业活动的特殊性对会计师事务所规模化发展模式选择的基本影响,以及会计师事务所内在利益实现机制对其规模化具体方式的选择影响。刘颖斐(2006)认为在促进和推动国内会计师事务所走规模化发展道路的同时,必须坚持借助政府部门的权威和发挥市场机制作用相结合的原则。深圳市注册会计师协会(2007)认为,联合、合并、加盟、设立分所、吸收专业人才等方式均可帮助会计师事务所做大做强,但对于某一具体会计师事务所,则需要积极探索适合自身做大做强的可能方式和路径，要勇于创新。

中国注册会计师协会从 2003 年开始公布的全国前百强会计师事务所排行榜引发了学者们对国内会计师事务所是否存在规模经济的研究热情。刘明辉、徐正刚（2005）从资产专用性、产品异质性、合约范围经济三个角度对会计师事务所规模效应进行了探讨，沿用生存竞争法对国内 2002～2004 年的审计市场进行分析，认为在中国注册会计师行业，国际四大会计师事务所在大客户市场上表现出明显的规模经济效应，本土会计师事务所则呈现出规模不经济的状态。

刘明辉、徐正刚（2006）认为审计行业的市场集中，不会破坏审计市场的竞争性，不会导致社会福利净损失，也不会剥夺消费者的剩余，审计市场上的垄断性结构不会带来垄断性的结果。

熊林峰、林君芬和黄一鸣（2006）利用中国注册会计师协会披露的会计师事务所排名信息数据（2004），结合 C-D 生产函数采用双对数线性回归模型，对注册会计师行业所处规模报酬阶段进行了验证，研究结果发现会计师事务所处于平均规模报酬递增阶段。只要会计师事务所同时加大人力资本以及非人力资本投入，就能获得递增的规模报酬，本土会计师事务所的规模不经济的程度随着会计师事务所规模的减小而递增。

刘颖斐、余玉苗（2007）认为寡头竞争型审计市场并没有扼杀竞争，寡头型会计师事务所存在规模经济，中国应借助非市场力量推动会计师事务所合并，在审计市场上培育寡头型会计师事务所，从而强化审计师的独立性以提高审计质量。

吕先锫、王伟（2007）对注册会计师非标准审计意见影响因素的实证研究发现：大型会计师事务所的审计师更倾向于出具非标准审计意见。作者认为大型会计师事务所的审计质量较高。

杨永淼、杨美丽和张彬（2007）采用超越对数成本函数模型，以中国审计市场的经验数据为基础，对中国会计师事务所规模经济效应进行了实证研究。结果表明大型会计师事务所在大客户市场上具有明显的规模经济性。

一方面，有人认为我国会计师事务所合并主要是为了满足监管部门的规模门槛，会计师事务所在合并后并没有进行有效的整合（李明辉、刘笑霞，2015）。例如，《关于会计师事务所从事证券、期货相关业务有关问题的通知》中规定，会计师事务所申请证券资格，应当具备下列条件：依法成立 3 年以上；注册会计师不少于 80 人，其中通过注册会计师全国统一考试取得注册会计师证书的不少于 55 人，上述 55 人中最近 5 年持有注册会计师证书且连续执业的不少于 35 人；上一年度审计业务收入不少于 1 600 万元；持有不少于 50% 股权的股东，或半数以上合伙人最近在本机构连续执业 3 年以上。而 2012 年 1 月 21 日的修订版将门槛大幅度提高，修订版规定：会计师事务所从事证券服务业务，其注册会计师要不少于 200 人，其中最近 5 年持有注册会计师证书且连续执业的不少于 120 人，且每一注册会计师的年龄均不超过 65 周岁；上一年度会计师事务所业务收入不少于 8 000 万元，其中审计业务收入不少于 6 000 万元，本项所称业务收入和审计业务收入均指以会计师事务所名义取得的相关收入；至少有 25 名以上的合伙人，且半数以上合伙人最近在本会计师事务所连续执业 3 年以上。会计师事务所合并的复杂性以及合并过程中暴露的问题也使人们怀疑会计师事务所合并后的整合效果。另一方面，也有人认为，会计师事务所从维护声誉和谋求发展的角度出发，有动机实施实质性整合。注册会计师行业管理部门也出台了对会计师事务所合并质量核查与指导的监管措施，以促进会计师事务所合并后实施有效整合。总之，目前关于会计师事务所是否进行了实质性合并仍有较大的分歧，我们无法根据现有的经验证据判断会计师事务所合并后是否实施了有效整合。

会计师事务所的规模效应，对于我国以中小会计师事务所为主要特征的实际国情而言，针对性可能有限，但是从行业发展的前瞻性角度而言，我国的学者对此问题进行了积极的前期探索，初步认定：我国的会计师事务所存在规模效应，而且规模效应对一个会计师事务所的审计质量的提高以及内部管理机制的完善等许多方面影响深远。

2.1.3　简要评述

与国外的注册会计师行业相比，中国的注册会计师行业还很稚嫩，其真正发展历程仅仅 40 年不到，所以国内学者对中国注册会计师行业发展的研究现在看来还比较粗糙，大多都是理论性的叙述，或者只是简单的统计描述，使用的数据都是短期间的数据，不论从广度还是从深度上都有欠缺。

对于会计师事务所规模化发展问题的研究，主要集中在会计师事务所规模与审计质量的关系上，绝大多数研究结果都支持"会计师事务所规模与审计质量之间存在正相关关系"，这在审计理论界与实务界产生了广泛、深刻的影响。学术界对于会计师事务所规模化、做大做强才刚刚进行探索，缺乏系统的研究和总结。上述作者们大都只是采用描述性统计分析和其他较为简单的实证研究方法，或光是理论性论述，或是评论性的文章，数据收集和分析比较少，一般只采用中国注册会计师协会公布 1 个年度的中国注册会计师事务所前百强排名数据进行研究分析，没有收集更多的相关数据来进一步深入了解和研究，而且一般研究的篇幅都较短，论述的观点和解决问题的方法都比较单一，系统性略显不足。不少作者不是注册会计师行业内从业人员，他们也就可能无法切身感受到注册会计师行业的真实发展现状，故其对策和建议也无法完全切合注册会计师行业发展的实际。

同时，也必须看到，对会计师事务所规模化问题的研究，国外学者关注的时间比较长，在理论上已经相对成熟，在实务上给我们提供了很好的借鉴。中国学者们对该问题的研究集中在 20 世纪 90 年代之后，与西方国家相比还存在着许多缺陷和不足。与国际四大会计师事务所百年合并历程的诱致性变迁不同，我国会计师事务所合并有着其显著的特点，尤其是政策驱动性较强、合并节奏较快、涉及范围较广。在最近十几年里，我国注册会计师行业经历了数次合并浪潮，每次浪潮都涉及众多会计师事务所，国内十大会计师事务所的排名也因此不断更迭变化。现实的复杂性使得我国会计师事务所合并的整合效果到底如何变得扑朔迷离，加之在合并过程中暴露的突击合并、带病合并、大而不强等现实问题，使一些理论界和实务界人士怀疑会计师事务所合并后的整合效果，甚至有观点认为会计师事务所合并后并未实施有效整合，合并仅停留在"合并业务收入"的基本数据层面。这无疑给注册会计师行业主管部门、监管部门和事务所自身提出了新的课题。如果仅进行形式上的合并，不但有违会计师事务所做大做强的政策初衷，更会给会计师事务所带来很大的风险隐患，不利于会计师事务所的长远、健康、可持续发展。因鉴于此，本书在借鉴国际会计师事务所经验的基础上，结合中国注册会计师行业的发展现状，来探讨目前中国本土会计师事务所所处的规模效应阶段及如何做大做强中国本土会计师事务所，使中国本土会计师事务所能更好地融入国际社会。

2.2

会计师事务所的规模经济概述

随着人类的经济活动从自然经济进入市场经济，从封闭分散的个体劳动进入集中的社会劳动，单个经济组织和一定范围内经济集合体的生产经营规模越来越大。它们在降低成本、增加收益的同时，也提高了整个国民经济的资源配置效率。而规模经济则是对此类现象的理论概括。为此，人们也就开始关注影响规模经济的各种因素，以便通过规模经济来实现更多的经济效益。

2.2.1 规模经济理论与会计师事务所合并

2.2.1.1 规模经济理论

规模经济理论是企业并购强而有力的推进理论之一。在经济学理论中，规模经济是描述企业规模变动与成本变动关系的理论。规模经济理论最初可追溯到19世纪的美国，其揭示了大批量生产的经济性规模，提出该理论的典型代表人物就是阿尔弗雷德·马歇尔（Alfred Marshall）。马歇尔通过《经济学原理》一书阐述了形成规模经济的两种方式，即凭借企业自身对资源的合理配置、经营管理效率的提高而形成的"内部规模经济"和借助于多个企业之间因合理化的分工与配合、合理的区域及结构上的布局等所形成的"外部规模经济"。具体而言,"内部规模经济"是指,随着企业规模的扩大,在对资源充分有效地利用、合理地组织管理后,由于经营效率的提高而引发的经济效益的增加。"外部规模经济"是指,当整个产业的产量(因企业数量的增加)扩大时,该产业各个企业的平均生产成本下降、收益增加。马克思在《资本论》中指出,一个地区的行业规模越大,该地区生产效率越高,行业规模的扩大会降低该地区的生产成本、增加相应的规模收益。作为规模经济理论的延伸,效率理论认为,以并购为代表的各种资产重组可以为社会创造潜在的收益,而站在参与并购的双方而言,并购后的工作效率得以提高。这种潜在的收益是协同效应作用的结果,即产生 $1+1>2$ 的效应。

对会计师事务所而言,规模经济就是指随着会计师事务所规模的扩大,从业人员数量的增加及业务范围的拓展,会计师事务所的单位成本不断降低,收益不断上升。国内审计市场竞争日益加剧,会计师事务所只有保持持续发展,才能立于不败之地。会计师事务所既可以通过内部不断发展实现扩大再生产,也可以通过并购其他会计师事务所实现迅速增长。相比较而言,通过合并方式来实现会计师事务所发展的速度更快、效率更高。

会计师事务所在开辟新领域时会遇到种种障碍,尤其是发展新客户时。会计师事务所在承接新业务时,往往对新客户了解不够深入,要想更全面地了解到新客户的各种影响决策的信息,就需要恰当地对前任注册会计师的审计工作加以有效利用,如查阅前任注册会计师的工作底稿,并向其了解相关问题。不可避免的是,首次接受客户委托的成本较高,而咨询前任会计师事务所的工作是不可替代的,除非刚好合并了前任会计师事务所,这样就可以不用支付初次接受客户委托的成本,从而解决这种障碍。另外,通常合并后的会计师事务所可以顺理成章地接管被合并方的客户资源,享受其原有的市场优势,从而降低发展的经营成本和增加总收益。除此之外,合并吸收被合并方所带来的具备专业知识和执业经验的优秀人才,可以在很多方面实现优势互补,促进会计师事务所更好的发展。

2.2.1.2 会计师事务所合并的动因

注册会计师行业是一个规模经济效应较为显著的行业，合并所产生的规模效应可以从审计质量、盈利能力和技术进步等方面得到体现。合并可以提高会计师事务所的审计效率，降低审计成本，进而提高其发现被审计单位报表中存在重大错报、漏报以及财务舞弊的能力，降低审计风险。不同于其他行业的是会计师事务所进行合并会产生一种信誉资本，大型会计师事务所是社会信誉良好的象征。信誉资本会以无形资产的形态凝结在大型会计师事务所的资产中，为其带来更多的超额利益，如获得优质的客户、取得较高的审计收费、吸引更多高素质人才等。

会计师事务所合并后的规模经济性表现为以下几个方面：第一，降低审计成本。合并后由于经营规模扩大，在客户不流失的前提条件下，可以实现审计业务的连续性。对于连续审计的客户，会计师事务所可以对上一年的工作底稿及其他工作内容加以合理和充分利用，在有效控制审计风险的同时，省去较多复杂的审计程序，使得审计证据收集更加高效，进而大大降低审计的时间成本和人力成本，提高会计师事务所的收益。第二，拓展经营范围，降低经营风险。传统单一的审计服务领域不能满足较大规模会计师事务所的发展，它们有能力将经营范围拓展到风险相对较低的非审计服务领域，实行多元化经营，构建一个适应多层次、多样化市场环境的弹性机制。相比于审计服务，非审计服务具有需求广、风险小、边际利润大等优势。第三，提高人力资源质量。会计师事务所作为典型的服务型机构，人力资源是其最关键的资源。一般而言，越是大型的会计师事务所，其声誉优势越是明显，从而越能吸引更多优秀的专业人才，这些人才聚在一起相互学习、相互交流、相互促进，可以加快知识和经验的传播速度，为会计师事务所进一步的发展提供坚实的基础。同时，规模越大的会计师事务所越有能力建立一套完整的培训机制和知识共享机制，能够在专业研究和新产品开发方面投入足够的人力、物力和财力，从而形成良性的循环。因此，大型会计师事务所往往具备更加优质的人力资源，从而在审计质量上获得更强有力的保证，使得会计师事务所的综合能力得以提升。

2. 2. 1. 3　声誉理论

我们应该充分地认识到，声誉理论能够较好地阐述品牌效应对审计质量的影响。声誉的形成必然是以长期高品质的产品和服务为基础的，会计师事务所合并后一般会选择优质的品牌来作为自身文化资产的一部分。会计师事务所要拥有好的声誉就必须提供高质量的审计报告及相关的咨询服务，审计失败被发现的概率始终是社会对于某一会计师事务所整体审计质量的重要评价标准，所以会计师事务所为了保持来之不易的美誉，必然不断地提升其整体服务质量和审计质量，与其他中小会计师事务所相比，大型会计师事务所拥有较高声誉，而声誉受损所带来的损害，显然也是异常巨大的。

戴伊（1993）的研究成果中，系统地分析了当前市场经济环境下，会计师事务所的声誉情况与其审计质量的关系。他认为声誉较高的会计师事务所在经营和发展过程中，为了维持其声誉，并继续从较高的声誉中获得声誉溢价，必然会选择进一步提升审计质量。会计师事务所合并之后，由于有效地降低了其他方面的成本，因而可以在品牌形象建设方面投入更多的资金和资源，因此，我们有理由认为，它们为了保证这些投资不至于失败，必然会在今后的审计工作中提升审计质量。作为当前会计师事务所抢占市场份额、提升自身的整体影响力过程中的重要因素，会计师事务所的声誉及品牌作为其经营和发展过程中的重要资产，必然在客观上推动其整体服务质量的提升，尤其是审计质量的提升。所以我们可以认为，声誉作为会计师事务所在长时间内经营过程中所形成的良好社会评价，是会计师事务所获得客户青睐的重要资源，有着重要的作用。

随着我国市场经济的快速发展，我国当前市场中的企业往往以多元化发展为主要策略，同时企业的整体规模日益庞大。而这种情况之下，投资者显然难以直接参与到公司的管理工作中来。因此，为了有效提升企业整体的经营效率，投资人往往会选择经营者来完成对公司的管理，而经营者也同样需要及时为投资人提供公司实际的运行情况的相关数据，以保证投资人决策的有效性。但是，并不是每一个投资人都有能力从数量庞大的财务数据中获取需要的信息，并以此为基础评价和判断公司的实际经营情况。由此，会计师事务所应运而生。会计师事务所通过对公司经营情况的审计，为投资者提供分析结果，从而有效降低了投资者和经营者之间的信息不对称水平，对于证券市场的健康发展起到了重要的推动作用。

不过我们也同样应该认识到，利益相关者通过会计师事务所获得投资的依据，其前提是会计师事务所提供的审计报告的真实性和有效性。但是在实际的审计过程中，会计师事务所提供的审计服务对于绝大多数利益相关者来说都是不透明的，因此声誉成为投资者评价和选择会计师事务所的主要依据。同时会计师事务所也是投资者判断所得到的审计报告真实性的重要评价依据。这种情况的客观存在，也同样从侧面证明了声誉对于会计师事务所的重要性和必要性。很多投资者都认为会计师事务所声誉较高，那么所提供的审计服务的整体质量也就越高。而一个健全的市场中，如果会计师事务所提供的审计报告质量过低，或者审计失败，那么对其声誉所造成的负面影响无疑是非常巨大的，甚至可能导致一个会计师事务所的逐渐消亡。而审计失败某种意义上也同样会导致投资者对于这家会计师事务所失去信心，从而去寻求声誉更高的会计师事务所的服务。

2.2.2 经济后果理论与会计师事务所合并

2.2.2.1 经济后果理论

20世纪60年代在会计学科中出现了一种反映经济活动的现象——"经济后果说"，它起源于美国，随着市场经济的不断推进，经济后果学说的不断演变已成为会计思想变革的动力。1978年，斯蒂芬·泽夫（Zeff）教授在《"经济后果"学说的兴起》一文中首次证实了经济后果的真实存在，经济后果按照泽夫教授的理解是指会计报告将影响企业、政府、工会、投资人和债权人的决策行为，受影响的决策行为反过来又会损害其他相关方的利益，这种思想就是经济后果观。斯考特在其《财务会计理论》一书中将经济后果定义为：不论证券市场理论的含义如何，会计政策的选择会影响公司的价值。蔡宁认为，"经济后果"是指计算会计数字的规则发生变化，从而改变公司的现金流量，或者造成有关契约方财富分配发生变化，由于宏观层次的会计选择（会计准则制定）对各方利益造成了不同程度的影响，那么，它也必将影响社会资源的配置。我国著名会计学家葛家澍也认为，所谓"经济后果"，其内涵如下：（1）会计准则是一份公共契约，是通过"公共选择"的逻辑而形成的，旨在敦促企业通过一套通用的财务报表提供给投资者决策相关的会计信息；（2）会计准则在一定程度上限定了企业管理当局对会计政策的可选择域；（3）遵循会计准则编制的财务报告所披露的会计信息会影响各个相关利益集团的决策行为和既得利益。简而言之，经济后果的实质就是会计报告对利益相关者的决策行为所产生的影响。鉴于以上论述，经济后果可以进一步定义为：在有效市场理论存在前提下，某一经济事件对利益相关方决策的影响。

2.2.2.2　会计师事务所合并的经济后果

对于会计师事务所合并而言，经济后果有其特定的含义。具体而言，这种经济后果可以分为可以被直接感知的外在体现和无形的内在体现两个方面，前者包括会计师事务所规模、排名、收入及客户变化等，容易被识别和量化，后者则体现为审计质量的影响，相对较难量化和考核。根据迪安基洛（1981）关于审计质量的经典理论，会计师事务所审计质量的高低取决于注册会计师的专业胜任能力和审计独立性两方面。而会计师事务所合并，既可以提高会计师事务所发现问题的能力，也可以提高报告问题的能力。具体而言，会计师事务所合并后，会计师事务所的规模相应扩大，与之相关的准租金也得以提高，从而引起会计师事务所审计独立性的提升。迪安基洛提出，以客户数量衡量的会计师事务所规模越大，其赚取的准租金就越高，注册会计师出于机会主义来迎合某个客户要求的动力越低，审计独立性和审计质量因而就越高。西方的相关实证研究也主张，会计师事务所的规模与其审计质量之间存在正向关联。通常认为，审计质量越高，对盈余管理的容忍度越低。而大量研究表明，大规模会计师事务所对客户操控性应计额水平（盈余管理水平）容忍度较低。戴伊（1993）则从法律约束的角度出发，提出了法律诉讼机制对注册会计师行为的约束作用。他认为，由于大型会计师事务所拥有更多的财富（"口袋深"），面临的诉讼风险相应较高，出于这方面的压力，大型会计师事务所倾向于提供更高质量的审计服务。因此，可以将审计质量作为研究会计师事务所合并经济后果的一项衡量标准。

2.2.2.3　合并经济后果的相关指标

研究合并经济后果，即研究合并对会计师事务所在各方面造成的有利或者不利的影响，这些影响可以通过一些量化的指标来体现。而关于会计师事务所的评价，最为人熟知的当属中国注册会计师协会每年发布的"会计师事务所百强排名"。百强排名的评价体系中包括了一些基本数据，比如注册会计师人数、审计客户数量、审计收入、违规扣分等指标，可以归纳为对"质"和"量"两个层面的衡量。关于量的衡量指标，可以直接引用"会计师事务所百强排名"的注册会计师人数、审计客户数和审计收入，而质的衡量指标，可以从所提供产品——审计报告的质量的角度分析。审计报告作为市场中众多产品中的一种，其真实质量的高低可理解为产品在多大程度上满足了消费者的需求。而审计业务作为一种鉴证服务，是会计师事务所接受委托人的委托对企业经营者提供的财务报表的可信赖程度进行审计，此项服务的目的就是对企业经营者编制的财务报告是否遵循会计准则并真实反映企业的经营状况提供一种鉴证。审计报告的质量取决于会计师事务所的内部风险控制策略与产品质量监督措施以及审计师的独立性与专业胜任能力。由于会计师事务所市场主体地位的特殊性，一旦审计失败常常会牵扯到法律责任，因此会计师事务所质量控制的关键点应该在于风险的控制，那么会计师事务所围绕审计报告真实质量所进行的一系列活动都可以统称为风险控制措施。风险控制策略建立在特定的法律环境之下，法律环境的变化会改变审计师承担的法律责任及其面临的风险变化。尽管我国会计师事务所面临的诉讼风险有限，但一旦出现审计失败，对会计师事务所的打击也是致命的。中天勤会计师事务所的轰然倒塌告诉我们,能否降低客户公司的可操控性应计利润、降低签字注册会计师的审计风险、防止购买审计意见的行为不仅直接影响着会计师事务所提供何种水平的审计业务质量,也是合并后会计师事务所防范审计风险应当关注的关键点。

(1)综合排名及 CPA 人数。会计师事务所的综合排名和 CPA 人数是会计师事务所规模扩大带来的最直接的影响。业务收入是评价会计师事务所综合实力和整体状况的一个重要指标。很多合并案例事实表明,会计师事务所的合并伴随着 CPA 人数的显著增长和排名的提升,但并不是一成不变的,而是与会计师事务所合并的经济后果密切相关。

(2)审计收入与审计收费。关于审计收费与会计师事务所规模、审计质量的关系,有学者认为,处于市场垄断地位的会计师事务所往往能收取高于行业平均水平的审计费用;还有学者则认为,会计师事务所提供审计服务的质量越高,越倾向于采用更高的收费标准。已有多项研究证实,会计师事务所的规模与审计收费之间存在一定的正向关联,帕姆罗斯(1988)、西蒙和弗兰西斯(1988)、克拉斯韦尔(1995)研究发现国际八大会计师事务所审计收费水平高于非八大会计师事务所,并进一步研究了审计收费溢价的性质,认为国际八大会计师事务所收取的高额审计费用是由于其提供了更高质量的审计服务,大规模的会计师事务所确实存在着审计收费溢价,这些溢价产生的原因在于大规模会计师事务所在声誉、技术、程序、资源等方面给予了更多的投入。由此可以推出,一般情况下,较高水平的收费标准往往代表着更高质量的审计服务。

(3)审计客户。伴随着会计师事务所合并的,还有审计客户市场的变化。迪安基洛(1981)曾指出,当会计师事务所拥有较多客户时,单一客户的收入便显得没那么重要,从而使得注册会计师有着更高的独立性。同时,从众多其他客户中获得的准租金,能够有效防止注册会计师针对某一家客户进行的机会主义行为。因此,在其他条件相同的情况下,会计师事务所的审计客户越多,越能够提供更高水平的审计服务。

(4) 非标准审计意见。会计师事务所的审计质量在一定程度上可以通过注册会计师签署非标准审计意见的数量和比重体现。非标准审计意见的出具，意味着注册会计师在与客户意见无法达成一致时，表现出较高的审计独立性和审计质量，没有出于压力等因素出具标准无保留的审计意见。但发表何种审计意见与审计人员独立性存在一定的关联性，客户自身的财务报表风险也是一个需要考虑的重要因素，因此出具标准无保留意见与会计师事务所的审计质量不高之间没有必然联系。如果注册会计师发现重大错报并且被审计单位按照调整建议进行了相应调整，那么出具标准无保留意见也是恰当的。鉴于客户的财务报表质量难以衡量，本书弱化客户一方的情况，仅从会计师事务所自身的角度出发，通过观察非标准无保留审计意见出具的频率变化，来分析会计师事务所的独立性，以此探索合并后的资源整合和质量控制是否引起该指标的显著变化。

(5) CPA 签署报告数量。在会计师事务所中，由于每个注册会计师签署报告的份数可以从一个角度上反映出该注册会计师在一个客户上可以分配的时间和精力，换言之，用在一个客户审计上的时间和精力越多，对客户的了解程度和审计过程的执行就有可能更加严格和完善，相应的会计师事务所风险控制水平较高。

2.2.3　规模经济的测度方法

规模经济理论研究的是企业的产出和适当组合的生产要素投入之间的关系，而关于规模经济研究中厂商的经济规模的测度问题。比较有代表性的有以下几种。

2.2.3.1　利润分析法（profitability analysis）

它是利用利润率作为规模的函数进行分析，基本思路是利润率越高的企业规模也就越为有效。比如，按资产的不同规模对行业内的各个公司进行分组，分别列出各个组别公司的平均净资产收益率，如果公司规模与平均净资产收益率之间存在某种相关的关系，这就很容易对该行业的经济规模做出判定。这种方法的优点是数据很容易得到，而且简单方便，缺点就是不够准确。利润率的高低不仅受规模经济的影响，还受到企业的垄断程度、会计核算的口径、经济周期等各种各样因素的影响。

2.2.3.2　适者生存检验法（survivor test）

它是由著名经济学家施蒂格勒（G. Stigler）首先提出来的。其基本思路是：一般来说，在激烈的竞争环境中能够生存，并且其市场份额不断上升的企业或工厂的规模就是最优的，反之市场份额不断下降的企业，那么其工厂的规模不是过大就是过小。到目前为止，已经有很多经济学家利用适者生存检验方法进行了大量的实证研究，证明该方法是基本可行的。但是该方法也存在一定的问题，那就是在竞争环境中生存下来并且市场份额不断扩大的原因肯定不止规模经济这一条。这是运用该方法必须注意的一个重要问题。

2.2.3.3　统计成本分析法（statistical cost analysis）

这种方法与利润率分析方法有些相似，它主要是利用统计方法找出长期平均成本与工厂规模之间的一般关系，并以此确定长期平均成本曲线的大体形状，然后确定最优规模。值得说明的是，采用这种方法时的数据一般应该使用不同工厂的横断面数据，而不是时间序列数据。

2.2.3.4　工程法（engineering approach）

这种方法就是利用重点访问和填调查表的方法，向熟悉规划与设计的工程技术人员了解相关数据，用以确定成本与规模之间的一般关系，再根据这些数据来确定最优规模。虽然这种方法在实践中使用比较多，但是它主要依据的是技术资料，容易忽略企业组织管理等方面的规模经济问题。

2.2.3.5　范围经济的测度（measuring scope economy）

范围经济存在于单个企业的联合生产的产量超过两个各自生产一种产

品的企业所能达到的产量之时。范围经济的程度可以通过研究企业的成本来确定，为了让范围经济程度的测定规范化，曼斯菲尔德在他的《管理经济学》一书中给出了一个衡量算式：

$$S = \frac{C(Q_1) + C(Q_2) - C(Q_1 + Q_2)}{C(Q_1 + Q_2)}$$

其中，S 为范围经济的程度；$C(Q_1)$ 为单独生产第一种产品 Q_1 单位的成本；$C(Q_2)$ 为单独生产第二种产品 Q_2 单位的成本；$C(Q_1 + Q_2)$ 为联合生产 Q_1 单位第一种产品和 Q_2 单位第二种产品时的成本。S 越大，范围经济的程度就越高。

总体来讲，以上方法各有所长，有的比较适用于企业的生产能力规模决策，有的比较适合于政府制定产业组织政策，有的侧重于工厂规模问题，有的侧重于企业或公司的规模问题，有的是测度范围经济的。因此，同一个问题可能计算的结果会不一样，最好能结合使用，互相验证。

2.2.4 事务所的规模经济含义及主要内容

2.2.4.1 会计师事务所规模化的含义及衡量标准

会计师事务所的规模应该从会计师事务所的业务收入、从业人员数量、净资产数量等各个方面综合考虑。但是在计算会计师事务所规模时，这些指标具体占多少的权重并没有一个权威的理论依据，因此这一含义在实际操作上存在一定的困难。现实中，我们通常会以会计师事务所的某一方面特性来衡量其规模，不过这样操作会因为切入角度的不同而得出不同的结果。比如以业务收入多少作为衡量标准，目前被公认的国际四大会计师事务所就是世界上规模最大的四家会计师事务所。如果以其他指标来衡量，则国际四大会计师事务所的排名可能会有所不同。但是它们之间并不是完全独立的，因此在对会计师事务所的规模衡量时也不会产生巨大差异。

1. 会计师事务所的业务收入规模

这是一个公认的能较好反映会计师事务所规模的指标。会计师事务所的业务承接能力基本就能从业务收入的多少表现出来，会计师事务所承担风险和分散风险的能力也与收入规模直接相关。因此在国际上，权威机构通常也认为会计师事务所的业务收入规模是衡量会计师事务所规模的最好指标，并主要根据业务收入规模的大小来对国际大型会计师事务所进行排名。以下是 2009 年度中国本土会计师事务所与国际四大会计师事务所中国合作所的业务收入规模的比较。如表 2 - 1 所示。

表 2 - 1　　　　2009 年度排名前 10 位会计师事务所排名年收入

会计师事务所名称	2009 年度收入（万元）	收入比例（%）	占前百强收入比例（%）
普华永道中天会计师事务所	257 843	20. 25	12. 51
德勤华永会计师事务所	237 025	18. 61	11. 50
毕马威华振会计师事务所	222 110	17. 44	10. 78
安永华明会计师事务所	196 064	15. 40	9. 51
中瑞岳华会计师事务所	87 205	6. 85	4. 23
立信会计师事务所	66 266	5. 20	3. 22
信永中和会计师事务所	51 860	4. 07	2. 52
天健会计师事务所	50 266	3. 95	2. 44
国富浩华会计师事务所	53 225	4. 18	2. 58
大信会计师事务所	51 676	4. 06	2. 51
合计	1 273 540	100. 00	61. 79

资料来源：中国注册会计师协会网站，2002 ~ 2009 年度事务所前百强信息，2010 年 5 月。

根据中国会计师事务所 2009 年度的排名情况可以看出，国际四大会计师事务所中国合作所的收入规模都在 20 亿元左右的水平，并且国际四大会计师事务所收入总规模占中国排名前 10 位的会计师事务所收入总规模的 71.69%。国内会计师事务所只有中瑞岳华会计师事务所收入初具规模，年收入达到 8 亿多元，但是还是没有突破 10 亿元大关。2009 年度，排名前 10 位的会计师事务所中，本土会计师事务所的年度收入总和还不到国际四大会计师事务所收入的一半规模。这表明中国本土会计师事务所的收入规模虽然近两年有所提高，但是与国际四大会计师事务所相比还有相当大的差距。

2. 从业人员数量

会计师事务所作为一个以注册会计师为核心资源的经济主体，注册会计师的工作质量直接决定了会计师事务所提供会计服务的能力，同时也决定了会计师事务所业务的创收能力。拥有一定数量高素质的注册会计师，会计师事务所才能开展会计服务，满足客户的各种服务需求。因此，会计师事务所的规模在一定程度上也通过注册会计师的人数来反映。另外，注册会计师作为个体，在质量上也存在差别，在评价会计师事务所规模的时候不能仅仅只注重数量。受过良好专业教育、执业经验丰富的注册会计师就会有较好的执业能力，与业务水平不高、执业经验欠缺的注册会计师相比，高素质的人员就能提供更高水平的专业服务。因此，在考察会计师事务所规模时，不仅要考虑会计师事务所拥有的注册会计师人数，还应充分考虑注册会计师的质量，特别是与国际大型会计师事务所相比时，两者要相结合才能做出客观公正的评价。另外，在会计师事务所不断发展的过程中，业务范围与日俱增，其他非注册会计师从业人员也发挥着越来越重要的作用，他们的素质也在不断提升。因此，在衡量会计师事务所规模的时候，从业人员数量也应该作为一个重要因素重点考虑。如表 2 - 2 所示。

表 2 - 2　　　　2009 年度排名前 10 位会计师事务所人员情况　　　单位：人

会计师事务所名称	注册会计师人数	从业人数	领军人物数量
普华永道中天会计师事务所	678	4 300	6
德勤华永会计师事务所	715	4 116	3
毕马威华振会计师事务所	648	3 706	1
安永华明会计师事务所	866	3 569	10
中瑞岳华会计师事务所	1 228	1 806	14
立信会计师事务所	674	1 393	4
信永中和会计师事务所	1 016	1 419	8
天健会计师事务所	705	994	12

续表

会计师事务所名称	注册会计师人数	从业人数	领军人物数量
国富浩华会计师事务所	864	1 176	6
大信会计师事务所	527	1 311	3
合计	7 921	23 790	67

资料来源：中国注册会计师协会网站，2002～2009 年度事务所前百强信息，2010 年 5 月。

目前，中国排名前 10 位会计师事务所的注册会计师人数已经与国际四大会计师事务所不相上下。2009 年度，中瑞岳华会计师事务所注册会计师人数达 1 228 人，与国际四大会计师事务所相比，注册会计师人数超出 50%。但是从从业人员总人数上看，国内会计师事务所与国际四大会计师事务所相比还存在相当大的差距，除了中瑞岳华会计师事务所的从业人员数量约为国际四大会计师事务所平均从业人数的一半左右，其他各个会计师事务所从业人员数量均较少。另外，中国注册会计师在整体执业水平和专业胜任能力上同国际四大会计师事务所拥有的高素质人才相比也有很大的差距，这也是中国本土会计师事务所在业务承接能力、风险承担能力等方面相对落后的原因所在。

3. 地域扩展范围

该指标是指会计师事务所在全球范围内，包括其分所开展的业务，能够在世界地理位置上达到多大的覆盖面。用这个指标来衡量会计师事务所的规模似乎没有前两个指标来得直接贴切，但是在全球经济一体化进程不断加快的情况下，会计师事务所的国际化进程也无法回避，而随着国际业务的逐渐增加，会计师事务所必然通过各种方式来满足海外业务的要求，规模也就随之不断扩大。国际四大会计师事务所之所以稳居会计师事务所排名前四，能有如此规模的业务收入，也是主要靠它们在全球范围各个角落开展业务，执业范围广，业务量自然就大，业务收入必然随之增加，而反观中国本土会计师事务所，能真正把业务范围扩展到海外的几乎没有。因此加速会计师事务所的规模化、国际化进程已经迫在眉睫。但是，会计师事务所规模化发展受到一定客观规律的制约，不能盲目扩张，必须要充分考虑各种因素对会计师事务所的影响，合理有效地实现会计师事务所的规模化。

2.2.4.2 会计师事务所规模经济的内涵

会计师事务所规模化经营的主要目的在于追求规模经济中的内在经济。会计师事务所希望通过规模的扩张，从而在业务承接与谈判能力、风险承担与规避、从业人员培训、经验积累与技术研究等方面获取规模经济优势。

1. 业务承接与谈判能力优势

目前中国会计服务市场实行严格的资格制度，对上市公司、金融企业、中央企业进行审计的会计师事务所必须具备相应的条件，取得相应的资格。现实情况往往是，会计师事务所的规模越大，其所拥有的各项资格越多，因此其业务承接能力也就越强。有关资料表明，拥有众多分支机构的大型国有企业集团公司的年报审计业务需要一支庞大的审计队伍，需要同时对分布于全国各地的子公司、分公司的相关业务进行审计。对于这样大型的业务，自然只有大型的会计师事务所才有能力承接与承做。大型会计师事务所在与小型会计师事务所竞争大客户、大业务的时候，具有绝对的优势。

作为大型会计师事务所，凭借其品牌优势和竞争优势，相对于小型会计师事务所来说，其专业服务能够给客户带来更大的价值增值。此外，大型会计师事务所因为客户较多，经营业务多元化，其对某一个公司的经济依赖性就大大降低了。这些优势使得其与客户的谈判时处于有利地位，为会计师事务所保持应有的独立性和发表客观真实的审计意见提供了有力的保障。

2. 风险承担与规避优势

由于审计报告具有准公共产品的性质，迫使审计人员承担着重要的社会责任，同时也面临着很大的风险。如何规避风险是关系到会计师事务所生死存亡的重大问题。会计师事务所规模的扩大对于会计师事务所执业风险的规避具有重大的意义。一方面，规模大、收入高的会计师事务所资金实力雄厚，具有较强的风险承担能力，能够遭受较大的风险损失，而不至于危及会计师事务所的生存；另一方面，大型会计师事务所能够突破传统的、单一的审计业务，向风险相对较低的管理咨询等业务领域拓展，开展多元化经营，形成一个适应多层次、多样化市场环境的弹性机制。这样将会有效地分散会计师事务所的风险。

此外，大型会计师事务所较强的风险承受能力意味着审计的保险作用能够得到充分的发挥，客户的经济利益能够得到较好的保护。

3. 从业人员培训优势

会计师事务所的显著特征就是智力密集型和知识密集型，审计人员的业务水平和专业胜任能力决定了其服务质量的高低。在新知识、新方法不断涌现的知识经济时代，良好的专业训练和人员培训对于会计师事务所的生存和发展具有特别重要的意义。现行的社会公共教育体系和注册会计师协会不可能包办审计人员所有的必要的培训，因此审计人员的培训在很大程度上需要由会计师事务所自行解决，这就要求会计师事务所建立自己的培训设施。建立并维持一定规模的培训设施需要相当大的投入，而这样大的投入是规模较小的会计师事务所无力承担的。一些小型会计师事务所即使具备这样的承担能力，如果会计师事务所本身人员不多，培训设施利用率不高，将会造成员工培训的单位成本偏高，削弱会计师事务所的竞争力。从整个社会的角度来看，还将引起社会资源的闲置与浪费。而越大的会计师事务所越有能力建立设施完善的培训机构，并同时降低员工培训的单位成本，因此，大型会计师事务所能通过较为完善的员工培训计划不断提高员工的专业素质和业务水平，为会计师事务所提高和保证服务质量奠定坚实的基础。

4. 经验积累与技术研究优势

在审计活动中，审计人员需要大量地运用职业判断，而这种职业判断主要来源于执业过程中的经验积累，有时很难找到合适的理论作依据。执业经验在审计人员和会计师事务所两个层面上的积淀，有利于审计人员和会计师事务所提高审计服务质量。实施规模化经营的会计师事务所更有利于加速这两个层面经验的积累。一方面，规模大的会计师事务所客户多，业务量大，执业人员也多，内部可以进行一定的行业分工，为执业人员的专业化发展和相关经验的积累提供一定的空间。而小型会计师事务所执业人员过于广泛的执业领域意味着审计人员可能无法在任何单个领域积累足够的专业知识和执业经验。另一方面，规模化经营的会计师事务所为经验的相互交流提供了更好的平台，加速了会计师事务所层面的经验积累。执业经验是在多次实践中经过总结而形成，并将回到实践中不断地接受检验，在这两个方面规模化经营的会计师事务所比小型会计师事务所有更多的机会。

武恒光、王帆（2014）研究会计师事务所的生产效率发现，技术进步和规模效率的进步会带来注册会计师行业的生产效率提升，说明会计师事务所存在经验曲线效应。比尔等人（2014）发现拥有行业专长的会计师事务所能够在不降低审计质量的基础上降低其审计收费，说明行业专长能够提高会计师事务所效率，降低其经营成本。会计师事务所效率的提高与经营成本的降低，意味着审计师能够花费更少的成本实施同等质量的审计程序，由此会计师事务所在面对客户的审计费用变动时，可接受的审计收费的变动区间变大，承受能力相对变强。由于审计程序对经济因素十分敏感，实施审计程序所带来的利益影响着审计程序的充分性，因此若会计师事务所在审计收费方面有更大的弹性空间，则意味着审计程序的充分性不易受到客户审计费用的影响。由此可见，行业专长提高带来的工作效率能够为审计质量的保证起到积极的作用。

随着经济环境的不断变化，许多新的法规、会计准则、审计准则需要研究和掌握，新业务中暴露出来的新情况、新问题也需要研究和解决。通常大型会计师事务所拥有各方面的高素质人才，又有较雄厚的经济实力，可以在研究方面投入大量的人力、物力和财力，及时解决在执业过程中不断涌现的新问题。同时由于新技术、新方法可以在会计师事务所内部推广，随着使用人员的增加，这在一定程度上又降低了研究开发的成本。

5. 会计师事务所规模化的信息经济学分析

从信息经济学的角度来看，由于审计人员提供的审计服务是一种无形商品，其质量难以直接观察，而且审计人员比审计委托人具有绝对的信息优势，因此，有可能出现"逆向选择"和"道德风险"（道德风险是指订约双方在订立契约后，委托方未能掌握足够的信息以监督代理方的行为，从而后者可能在据此追求自身效用最大化的同时侵害前者的利益）问题。例如，会计师事务所和审计人员在接受委托后采取的"偷懒"行为——采用不充分的审计程序和未给予应有的职业关注或谨慎等。逆向选择指由于会计师事务所知道自身的执业水平和审计质量，而委托人只是根据以往的经验来推断所有会计师事务所平均的执业水平，在此情况下，委托人只愿意根据平均的执业水平和审计质量来支付审计费用，于是大部分执业水平较高的会计师事务所便会因价格太低而退出市场，而执业水平较低的会计师事务所则乐于进入审计服务市场，其结果是审计市场上提供服务的会计师事务所的平均执业水平降低，而委托人在获悉变化后的会计师事务所执业水平的概率分布后，再次购买服务时，愿意支付的审计费用进一步降低，从而驱使更多的会计师事务所退出审计市场，这一恶性循环不断持续下去，最终审计市场中只留下执业水平最低的会计师事务所。这种"低能驱逐高能"的现象，就是逆向选择。

毫无疑问，如果审计市场不能解决这两个基本的问题，独立审计市场乃至整个注册会计师行业就会逐渐萎缩甚至消亡。因此，由于信息不对称的客观存在，会计师事务所必须通过一定的"信号显示"机制来向利益相关者可信地传递其私人信息，而会计师事务所的规模便是这样的一个"信号"。当然信号显示机制发挥作用的前提条件是"会计师事务所规模大，审计质量就高"。因此，会计师事务所有实施规模化经营的内在动机。

第 3 章

国内外会计师事务所规模化
发展的历史路径分析

注册会计师制度是伴随着商品经济的发展而逐渐繁荣起来的，是一定历史条件下社会监督体系的重要组成部分。世界各国注册会计师行业的发展历史均证明：只要商品经济不断发展，只要商品经济乃至市场经济中存在资产所有权和经营管理权的分离，存在多方不同利益关系，只要国际经济交流继续加强，注册会计师制度就具有极其重要的意义和作用，就有其存在和发展的客观必然性。

3.1
国内会计师事务所的规模化发展

3.1.1 中国会计师事务所规模化发展的三阶段

3.1.1.1 初建阶段

中国的会计师事务所的发展历史可以追溯到 20 世纪初。1918 年，北洋政府商务部颁布了中国的第一部注册会计师法规——《会计师暂行章程》，同年，著名会计学家谢霖先生创办了第一家会计师事务所——正则会计师事务所。经过一段时间的发展，中国也在那时有了被国人尊称为

"中国四大"的会计师事务所，虽然不能同当时的国际"八大"会计师事务所相比，但是正是它们开创了中国的会计师事业，它们分别是徐永祥会计师事务所、潘序伦创办的立信会计师事务所、奚玉书改组成立的公信会计师事务所、谢霖创立的正则会计师事务所。现今这四家会计师事务所有两家依然存在，现在的上海立信长江会计师事务所就是由当年的立信会计师事务所合并而来，而正则会计师事务所经过一番周折，发展成为现在的四川正则会计师事务所。之后，在国民党统治时期，中国的会计师事务所有了一定的规模，注册会计师人数也曾达到过 2 619 人，但在动荡不安的政治局势和以四大家族为代表的国民党垄断资本统治下，注册会计师的作用并没有得到有效的发挥。中华人民共和国成立初期，当时主管财经工作的陈云大胆聘用数千名注册会计师，对工商企业依法查账，为争取国家财政经济状况的好转做出了突出贡献。中华人民共和国成立后，会计师事务所还存在过一段时期，但是到 1956 年就自行中断了，注册会计师也相应地退出了中国的经济舞台。

3.1.1.2 恢复起步阶段

1979 年由于《中华人民共和国中外合资经营企业法》的颁布，越来越多的中外合资和外商独资企业在中国建立，而根据国际会计惯例，这些企业的会计账目都要由会计师事务所审查、验定。为顺应当时的形势，促进改革开放，财政部于 1980 年 12 月 23 日出台了《关于成立会计顾问处的暂行规定》，正式允许在中国恢复注册会计师制度，成立会计师事务所。1981 年 1 月 1 日，上海成立了中华人民共和国第一家会计师事务所——上海会计师事务所。继上海会计师事务所之后，北京、深圳、广州等地又陆续成立了一批会计师事务所，一些配套的法规和组织机构也纷纷出台。1986 年 3 月，立信会计师事务所恢复运营，组织形式改为董事会领导下的主任负责制。同期，大批会计师事务所也在全国各地相继成立。1986 年 7 月 3 日国务院颁布了中华人民共和国第一部注册会计师法规——《中华人民共和国注册会计师条例》，确立了注册会计师行业的法律地位。1986 年 10 月 29 日，财政部发布《会计师事务所暂行管理办法》。1988 年 11 月，全国性的职业组织——中国注册会计师协会正式成立，开创了行业管理的新阶段。至此，中国注册会计师行业基本完成了恢复创业工作，注册会计师达到了 3 000 余人，会计师事务所 250 家。

3.1.1.3 规范发展阶段

1994 年 1 月 1 日，《注册会计师法》正式实施。1995 年 6 月 19 日，中国注册会计师协会与中国注册审计师协会实现联合，从而结束了社会审计同时隶属于两个不同部门的局面，实现了行业的统一管理。1996 年 1 月 1 日，第一批《独立审计准则》正式实施。1997 年 8 月至 1998 年年底，根据朱镕基总理指示精神，注册会计师行业开展了大规模的清理整顿，进一步规范了市场秩序、净化了执业环境。同时，由于 1992 年、1993 年"五放开""四脱钩"政策的引导以及财政部、中国注册会计师协会先后出台的关于会计师事务所体制改革的若干政策的规定，1999 年年底，全国 4 805 家会计师事务所与主办单位脱钩，改制成为由注册会计师个人发起设立的合伙制及有限责任制事务所，摒弃了传统体制的桎梏。2000 年 3 月，中国注册会计师协会与中国资产评估协会合并。2000 年上半年，财政部、中国注册会计师协会相继发布了关于会计师事务所扩大规模的若干意见和规定，从而在全国范围内掀起了一场大规模的会计师事务所合并浪潮。这在一定程度上改变了行业布局过于分散的局面，提高了市场的集中程度，在短时期内形成了少部分注册会计师过百人、业务收入过亿元的跨地域执业的大型会计师事务所。

近十几年来，中国注册会计师行业在改革创新中求发展，不断探索提高执业质量、走规模化发展的新路子，积极应对激烈的市场竞争，以适应经济全球化、会计国际化的发展要求。2006 年 5 月 29 日，中国注册会计师协会举办了"第三届注册会计师论坛"，主题为"会计师事务所内部治理与规模化发展"，深刻探讨了在目前国际四大会计师事务所强势占据中国审计市场的大环境下，国内会计师事务所如何做强做大。2006 年 9 月 28 日，中国注册会计师协会下发了《中国注册会计师协会关于推动会计师事务所做大做强的意见（征求意见稿）》的通知，要求各会计师事务所积极探索和总结合并、联合等做大做强的有效途径。各地注册会计师协会也在中国注册会计师协会的统一布置下，积极支持会计师事务所在自愿、协商、依法基础上进行的跨地区合并。同时，财政部、国家发展和改革委员会也对中国会计师事务所的做大做强给予政策上的支持。

在此背景下，中国本土会计师事务所合并案例频繁发生。如 2006 年 10 月 28 日，上海立信长江会计师事务所、北京中天华正会计师事务所、广东羊城会计师事务所这三家在中国会计师事务所排行榜上位列前茅的大型会计师事务所宣布合并，共同组成了一个新的机构——立信会计师事务所管理有限公司。合并后的立信会计师事务所年收入将超过 5 亿元人民币，员工将达到 2 000 多人，注册会计师将超过 600 人，上市公司客户将达到 140 多家。注册会计师人数和上市公司的客户数量均超过了国际四大会计师事务所。并且这三家会计师事务所地处上海、北京和广州这三个中国国内审计市场份额最大的区域，有利于新的会计师事务所绕过地域壁垒，实现进一步扩张。2007 年 5 月 23 日，福建闽都会计师事务所、南京永华会计师事务所签订了加盟立信会计师事务所管理有限公司的协议。加盟后，福建闽都会计师事务所更名为福建立信闽都会计师事务所，南京永华会计师事务所更名为江苏立信永华会计师事务所。2007 年 8 月 25 日，立信会计师事务所管理有限公司与香港浩华会计师事务所的股东签订合作协议。2009 年 1 月 14 日，立信会计师事务所管理公司与全球第五大会计师事务所"BDO 国际"会计师事务所集团签署合作协议，立信会计师事务所管理有限公司旗下中国的五家成员所正式加盟"BDO 国际"会计师事务所，成为其全球成员所。

信永中和会计师事务所合并历程：第一，合并香港何锡麟会计师事务所。面对国际四大会计师事务所在中国市场的攻城略地，中国本土会计师事务所特别是大所的生存空间受到严重挤压。国际四大会计师事务所凭借其品牌优势迅速俘获了大批优质客户，而中国本土会计师事务所虽然在国情把握和审计收费方面具有优势，但随着国际大所本土化成效的日益显现，本土会计师事务所正在失去这一优势。信永中和会计师事务所作为最大的本土会计师事务所之一，在 2004 年度以 1.21 亿元业务收入位列本土会计师事务所第 2 位。这一收入虽然已经十分可观，但与位列第 1 的普华永道的 12.45 亿元业务收入相比，差距十分明显。更令人担忧的是，就收入而言，国际四大会计师事务所与本土会计师事务所之间的差距恐怕还会进一步拉大。在我国由于相关法律的规定，B 股和 H 股审计市场长期由国际四大会计师事务所垄断。依据相关法律规定，在 B 股上市的公司需聘请境外会计师事务所并按募集行为发生地或国际会计准则进行审计。因此，同时发行了二种或三种股票的企业，大都希望找一家能同时具有 A 股、B 股、H 股审计资格的会计师事务所，这是因为仅与一家会计师事务所合作更符合成本最小化原则，这样做不仅可以减少重复的调研工作、节省人力与物力资源，而且还能获取收费上的优惠、减少费用支出。不过，对于中国本土大型会计师事务所而言，由于这类市场准入资格的限制，导致中国本土会计师事务所在与国际四大会计师事务所的竞争中处于明显劣势的地位。信永中和会计师事务所为了应对来自国际四大会计师事务所的竞争，寻求更好的发展，对香港何锡麟会计师事务所进行了并购，以获取 B 股和 H 股审计资格，打破国际"四大"会计师事务所在这些市场中的垄断地位。信永中和会计师事务所在完成合并之后，以现有的体系为基础，采取了统一内部管理的运营方式。第二，合并中兴宇会计师事务所。2006 年 10 月 8 日，信永中和会计师事务所与总部在北京的中兴宇会计师事务所合并。事实上，中兴宇与信永中和在经营理念和管理风格上较为接近，双方对审计风险的控制和审计质量的追求也趋于一致，并且中兴宇会计师事务所经营结构较为简单。双方合伙人对注册会计师行业有着较为一致的认识，这在一定程度上促使了这次合并的成功，双方从 2006 年 3 月的第一次接触到 2006 年 9 月的合并完成，仅仅用了几个月的时间。此次以吸收合并作为主要的合并方式，对人员、资产进行统一协调，对业务进行统筹分配并共享市场资源。2007 年 5 月，信永中和会计师事务所的新加坡分所获得了新加坡会计企业监管局（Acounting & Corporate Regulatory Authority）的批准注册，取得了信永中和会计师事务所在新加坡地区的执业资格，并于 2007 年

10 月正式开门营业。信永中和新加坡事务所的成立是信永中和事务所继香港事务所成立后在境外东南亚地区成功设立办事处的又一重大举措。第三，合并四川君和会计师事务所。2009 年 7 月 1 日，信永中和会计师事务所整体吸收合并四川君和会计师事务所。四川君和会计师事务所成立于1998 年，其前身是德阳会计师事务所。1998 年，由于脱钩改制，德阳会计师事务所便设立了四川君和会计师事务所。1999 年 2 月经财政部和证监会批准，四川君和会计师事务所继承了原德阳会计师事务所的证券、期货相关业务执业资格。2005 年 12 月 29 日，四川君和会计师事务所吸收合并了四川公诚信会计师事务所，并成为四川会计师事务所的领头羊。合并前在中国注册会计师协会百家信息排名中排名第 59 名。四川君和会计师事务所在四川省注册会计师审计行业中名列前茅，其综合实力在 2007 年度、2008 年度排名四川省第一。诸如四川君和会计师事务所这样受地域限制的中型会计师事务所难以独自发展成为本土大型会计师事务所，其要么被迫逐步退出中高端业务市场变成小会计师事务所，要么尽快通过合并成为大型会计师事务所的一部分。信永中和会计师事务所历史悠久，是国内最具规模、最具声望的会计师事务所之一，连续多年在全国排名前列。信永中和会计师事务所也是国内现存的唯一一家与国际会计师事务所（国际永道）有着七年多合资历史的国内会计师事务所，并且信永中和会计师事务所拥有优良的内部治理系统，它能促使会计师事务所健康、快速地发展。因此，四川君和会计师事务所希望与信永中和会计师事务所合并，以改善自身的内部质量控制体制、提高审计质量、增强在行业内的竞争力，与此同时，如果信永中和会计师事务所将四川君和会计师事务所吸收，那么将组建西部地区最大的会计师事务所，这必将扩大信永中和会计师事务所的影响范围，提高其行业声誉和地位。双方经过充分协商，将合并方式确定为信永中和会计师事务所整体吸收合并四川君和会计师事务所。第四，合并江苏天华大彭会计师事务所。继中注协于 2007 年发布的《关于推动会计师事务所做大做强的意见》之后，2012 年又发布了《关于支持会计师事务所进一步做强做大的若干政策措施》以推动本土会计师事务所深入开展做大做强战略，加快本土会计师事务所实现规模化、国际化和品牌化发展，进一步缩小与国际大型会计师事务所之间的差距。可以说，推动本土会计师事务所进一步做大做强成为"十二五"期间注册会计师审计行业的重要任务之一。作为国内经济强省之一的江苏省，虽然已成立了几家在区域内具有一定影响力的中型会计师事务所，但是由于种种原因尚未建立本土大型会计师事务所。在中国注册会计师协会、财政部等机构的推动下，国内大型会计师事务所合并进程日益加快，审计市场的竞争日益加剧，对客户的争夺也日益白热化。本土大型会计师事务所凭借其较为优质的审计服务和市场声誉日益蚕食本土中小会计师事务所的市场份额，本土中小会计师事务所的生存环境正日渐恶化。作为在江苏省内具有较大影响力的本土会计师事务所，江苏天华大彭会计师事务所在中国注册会计师协会公布的《2011 年度会计师事务所全国百家信息》中以业务收入 1.13 亿元位列第 43 位。值得注意的是，在 2011 年江苏天华大彭会计师事务所仅有 3 家 A 股上市公司客户，这表明，其收入的主要来源并非是为上市公司提供审计服务，其在会计师事务所核心领域中的竞争力严重不足，江苏天华大彭会计师事务所有强烈的动机去提高其在注册会计师审计市场，尤其是在 A 股上市公司审计市场中的竞争力，以保障事务所的持续发展。与此同时，信永中和会计师事务所希望能进一步开发江浙地区的审计市场，在江浙地区设立分所。因此，信永中和会计师事务所向江苏天华大彭会计师事务所发起了合并，截至 2012 年 12 月合并工作全部完成，合并方式是江苏天华大彭会计师事务所整体并入信永中和会计师事务所。

2006 年 9 月 26 日，北京市财政局批复同意了厦门天健华天会计师事务所、华证会计师事务所和北京中洲光华会计师事务所这三家会计师事务所合并的申请，合并后的会计师事务所名字为天健中洲华证（北京）会计师事务所。为了适应经济全球化和中国企业的国际化需求，天健中洲华证（北京）会计师事务所 2007 年 6 月邀请香港德扬会计师事务所加盟，使之成为他们的香港分所，进而取得了港股、H 股和红筹股企业的审计资格。2008 年 7 月，天健中洲华证（北京）会计师事务所更名为天健光华会计师事务所，2008 年 11 月 29 日，天健光华会计师事务所与重庆天健会计师事务所宣告合并，合并后仍然采用天健光华会计师事务所的品牌。2009 年 12 月天健光华会计师事务所与中和正信会计师事务所合并为天健正信会计师事务所。合并后的天健正信会计师事务所，2009 年度收入 3.88 亿元，按收入在全国排名第十三位，在内资会计师事务所中排名第九位。

2006 年 9 月 15 日，北京当地的两家事务所天华会计师事务所和中兴新世纪会计师事务所获准合并成立北京天华中兴会计师事务所。

2008 年 1 月 16 日，由中瑞华恒信会计师事务所、岳华会计师事务所合并而成的中瑞岳华会计师事务所在人民大会堂宣告成立。但是在合并的同时，新成立的中瑞岳华会计师事务所还宣布加入罗申美国际（RSM International）会计师事务所。罗申美国际会计师事务所总部位于伦敦，在全球会计师事务所中排名第六位，该会计师事务所在美国、新加坡和澳大利亚均通过合并当地会计师事务所的方式获得了除国际四大会计师事务所之外的龙头地位。中瑞岳华会计师事务所加入后，罗申美国际会计师事务所还将其下属的香港分所更名为中瑞岳华（香港）会计师事务所，使中瑞岳华会计师事务所同时拥有中国内地和中国香港的执业资格。

随后的 2008 年 2 月，北京五洲联合会计师事务所与万隆松德会计师事务所宣布合并，成立五洲松德联合会计师事务所。2008 年 4 月，河北华安会计师事务所、光大会计师事务所、永正得会计师事务所，这三家会计师事务所合并。2008 年 12 月 20 日，安徽华普会计师事务所、辽宁天健会计师事务所、北京高商万达会计师事务所，这三家会计师事务所宣布"三合一"，成立华普天健高商会计师事务所，总部设在北京。2008 年 12 月 21 日，北京京都会计师事务所与天华会计师事务所宣布合并，成立北京京都天华会计师事务所。

2008 年 12 月 26 日，浙江天健会计师事务所有限公司与东方会计师事务所有限公司合并，合并后更名为浙江天健东方会计师事务所有限公司，2009 年 1 月 3 日举行成立庆典。2009 年 9 月 25 日，浙江天健东方会计师事务所与开元信德会计师事务所合并，并更名为"天健会计师事务所有限公司"。根据中国注册会计师协会 2009 年综合评价信息显示，浙江天健东方会计师事务所 2008 年总收入 31 466 万元，按收入排名全国第八位，在内资会计师事务所中排名第四。开元信德会计师事务所 2008 年总收入 11 911 万元，按收入排名全国第二十四位。两家会计师事务所合并后，按收入在 2009 年全国百强事务所中排名第七，在内资会计师事务所中排名第三，仅次于中瑞岳华会计师事务所和立信会计师事务所。

2008 年年底，广东恒信德律会计师事务所有限公司与深圳大华天诚会计师事务所完成合并相关法律手续，并于 2009 年 1 月 11 日举行广东大华德律会计师事务所（特殊普通合伙）成立庆典。合并后的广东大华德律会计师事务所注册地为深圳市，在珠海、南昌、广州设管理总部，在上海、北京设有分所，新所共有 15 名合伙人，602 名员工，其中注册会计师 195 人，负责国内近 60 家上市公司的年度会计报表审计，2008 年度业务收入约为 1.23 亿元，排名前百强的第二十一位。合并后的广东大华德律会计师事务所将成为目前华南地区规模最大的会计师事务所，也是全国最大的特殊普通合伙会计师事务所。

中国注册会计师协会秘书长陈毓圭表示，合并重组是国内会计师事务所做大做强的一条重要的道路。如此频繁的合并是外部有条件，内部有需求的。行业整体的发展环境要求本土会计师事务所要上规模上层次，而会计师事务所内部也有抗风险和提升竞争力的要求。在这样的背景下，这些会计师事务所的合并是对会计师事务所规模化发展的有益尝试，将对进一步提高会计师事务所的竞争力和规模化发展，会产生深远的影响。2016 年 1 月 29 日，中国注册会计师协会在上年度工作总结中指出，2015 年中国注册会计师协会累计拨付了支持中国会计师事务所"做大做强"的扶持奖励资金共 640 余万元，这是依据 2013 年发布的《支持会计师事务所进一步做强做大若干政策措施奖励资金申报办法》对符合条件的会计师事务所进行奖励的第三个年头。2016 年 2 月 1 日，中国注册会计师协会明确了 2016 年行业工作的总体思路，确定了 2016 年行业工作的七大任务与 24 项重点工作，任务之一即为"深入实施新业务拓展战略，推动事务所做强做大和做精做专"，这显示了中国注册会计师协会对会计师事务所做大做强战略的持续重视。

3.1.2　中国会计师事务所规模化发展的方式

2000 年 3 月 24 日，财政部印发了《会计师事务所扩大规模若干问题的指导意见》，就会计师事务所扩大规模的指导思想、目的、应遵循的原则及扩大规模的方式提出了具体意见。这一意见的实施，为中国会计师事务所扩大规模提供了保障。2006 年 9 月 28 日，中国注册会计师协会发布《关于推动会计师事务所做大做强的意见（征求意见稿)》，对推动会计师事务所做大做强又做出全面规划。中国会计师事务所应在现行政策框架内，结合国际会计公司发展的经验，通过自我积累、合并、设立分所、发展成员所等方式来扩大会计师事务所的发展规模，以此来适应中国注册会计师行业国际化发展的需要。

3.1.2.1　自我积累、自我发展

这是一种内涵式的扩张方式，是指会计师事务所以原来的事务所规模为基础，通过充实人员、增设机构、扩大经营范围、提高市场占有率、树立品牌等途径，实现自身的滚动发展。在这种方式下，会计师事务所要做好以下工作：建立一支稳定的专业型队伍，提高人力资源的数量和质量；实行多元化经营，完善机构职能；提高市场占有率，扩大势力范围；提高产品质量，树立品牌。这种方式的优点是稳步发展，步步为营，便于控制局面；缺点是发展比较缓慢，在外地扩充机构、开拓市场的成本较高。我们从国际上九大会计师事务所到八大再到六大、四大会计师事务所的发展轨迹可以看出，会计师事务所依靠自身自然成长，自我积累实现规模化发展很难。

3.1.2.2　设立分所

自从 1996 年财政部批准了第一家集团所——岳华集团会计师事务所之后，集团会计师事务所就成为中国会计师事务所又一种扩大规模的尝试方式。通常，分所是由被合并的会计师事务所转化而来或者是由总所新设立

的。集团会计师事务所不同于企业集团，在企业集团中，每一个参加企业都仍然是独立的法人；而集团会计师事务所是一种紧密型的组织，分所只是总所的一个分支机构，不具有法人资格。分所在总所授权的范围内进行执业，在财务和人事方面实行统一管理，其民事责任由总所承担。从实质上看，分所是会计师事务所设置在异地的一个相对独立的业务部，是会计师事务所自身积累方式的拓展，其目的是针对不同地域的客户资源分布，满足节约交易费用的市场需求。

3.1.2.3 发展成员所

这是国际会计师事务所扩大规模的通行做法，就是以一个规模大、实力强、信誉好的会计师事务所为核心所，发展其他会计师事务所成为成员所。核心所和成员所都是独立法人，依法享有民事权利并承担民事责任，具有平等的法律地位。这种方式的优点是：可以迅速扩大规模，提高会计师事务所的市场竞争力；将核心会计师事务所良好的信誉与成员所的区位优势结合起来，便于开拓成员所所在地的业务，节约异地执业成本；由于各机构都能独立承担法律责任，与"总所—分所"体制相比具有分散风险的功效；由于核心所、成员所之间具有统一管理模式、统一专业标准，有利于成员所提高人员素质、执业质量和管理水平。在这种体制下，核心所与成员所是一种紧密型的关系，核心所对成员所具有控股权，维系这种控制权的纽带是资本，通过资本控制达到人员控制、制度控制及协同实现经营战略的目的。

3.1.2.4 会计师事务所之间的合并

这是一种外延式的扩张方式。会计师事务所之间的合并分为吸收合并和新设合并。吸收合并一般都是大型会计师事务所合并小会计师事务所，大型会计师事务所看中了小会计师事务所的人力资源、经营特色和当地的市场，小会计师事务所则渴望分享大型会计师事务所的资源优势，如执业资格、知名品牌、先进的管理经验和执业技术等。新设合并一般都是实力相当的会计师事务所之间的联合，各方通过联合达到优势互补、资源共享、迅速扩大规模的目的。通过合并来扩大规模是最为快捷的一种方式，合并各方可在更大范围内以更大规模实现资源的优化配置。

参考国际会计师事务所的规模化发展道路，实际上这种会计师事务所之间的合并始终在不间断地进行，起初的合并基本上是"大鱼吃小鱼"的方式，后来演变到强强联手，直至后来的巨头联手，一次比一次手笔大，而这种合并确实也大大增强会计师事务所的竞争实力。

中国的会计师事务所发展到现在，如果想更进一步规模发展，也要实行强强联合。只有在本土优质会计师事务所之间形成新一轮的合并浪潮，中国的会计师事务所才有希望在比较短的时间内大幅度提升自身的实力，从而能够在真正意义上和国际事务所展开竞争。因此，就中国现实情况而言，强强联合已经成为趋势。近期国内大会计师事务所的频繁合并就是最好的例证。其合并有三大特点：一是借鉴了国际四大会计师事务所的模式。国际四大会计师事务所的品牌遍及全球，它们在每个国家都有独立的分支机构，它们依赖统一的执业质量控制体系、统一的管理模式、统一的培训体系、统一的事务所文化，从而形成了一体化。二是拥有资本的纽带。资金是履约的成本，是打造品牌、实施统一执业标准、统一的质量控制以及统一培训的保证。三是独立承担法律责任。会计师事务所的风险是始终存在的，独立的法人避免了一损俱损，可以最大限度地降低风险。

3.2

国外会计师事务所的规模化发展及中外对比

3.2.1　国外会计师事务所规模化发展的过程

从 18 世纪的"南海泡沫事件"导致注册会计师的诞生，到 21 世纪的"安然事件"导致安达信会计师事务所的倒塌，在过去的三个世纪中，国外的注册会计师和会计师事务所经历了一次次洗礼与蜕变。

3.2.1.1 "八大"格局的形成

英国在工业革命时期，作为当时世界经济的霸主，产生了世界上第一位注册会计师，1854 年又在爱丁堡成立了第一个注册会计师协会——爱丁堡会计师协会。早期的会计师事务所多以注册会计师个人名字命名，并采用个人承担无限责任的独资形式，但随着市场经济的发展和业务规模的扩大，特别是海外业务和大型客户的增加，原有的这种组织形式已经不能适应要求，合伙制会计师事务所便应运而生。

随着全球经济的发展，美国经济实力的增强，英国逐渐失去了经济霸主的地位，美国成为全球经济发展的重心，同时也成为新的注册会计师发展的中心。1922～1929 年美国的会计师事务所不断发展壮大，分支机构越来越多，业务范围也越来越广，通过这个将近 10 年的"黄金时代"的发展，八大会计师事务所凸显出来。

进入 20 世纪 70 年代，各大会计师事务所继续通过合并扩大规模。安达信会计师事务所在 1970～1979 年的短短 10 年期间，通过不断合并使业务收入增长达到 338%。1978 年，哈斯金斯·塞尔斯与德洛伊特·普兰德·格里菲思公司在美国的业务合并，成立了德洛伊特·哈斯金斯·塞尔斯国际会计师事务所（Deloitte Haskins & Sells，DHS）。1979 年，厄恩斯特会计师事务所和惠特尼会计师事务所合并，建立了厄恩斯特·惠特尼公司（Ernst & Whinney，E&W）。就在美国各大会计师事务所纷纷通过合并走上规模化之路的时候，欧洲的 KMG 会计师事务所（Klynveld Main Goerdeler），正悄悄地改写着历史，通过欧洲几个国家的会计公司合并而成的 KMG 会计师事务所，将维持了长达半个世纪的八大会计师事务所格局改写为"九大"会计师事务所。

3.2.1.2 "四大"时代的确立

1980～1985 年，会计行业的格局发生了惊人的变化。在这期间，整个会计行业的竞争尤为激烈，会计公司之间也不断地合并联合，刚刚形成的九大会计师事务所的格局仅仅在 8 年之后就消失了。

1. 从"八大"到"六大"的历史演变

1979 年九大会计师事务所中唯一的纯粹欧洲选手成立（Klynveld Main Goerdeler，KMG）。当时组成 KMG 的会员事务所主要有以下六个：Klynveld Kraayenhof & Co.，荷兰最大的会计师事务所；Thomson Mclintok & Co.，英国第十大会计师事务所；Main Hurdman，美国第十大会计师事务所；Deutsche Treuhand Gesellschaft，德国第二大会计师事务所；Thorne Riddel & Co.，加拿大第二大会计师事务所；Hancock and Offner，澳大利亚州第九大会计师事务所。1986 年 KMG 会计师事务所与 PMM（Peat Marwick Mitchell）会计师事务所合并成立毕马威会计师事务所（Klynveld Peat Marwiek Goerdele，KPMG）。1989 年 5 月，厄恩斯特·惠特尼和阿瑟·扬会计公司合并成立安永会计师事务所（Ernst & Young）。同年 6 月，德洛伊特·哈斯金斯·塞尔斯国际会计公司和塔奇·罗斯会计公司终于合并成立德勤会计公司（Deloitte Ross Tohmatsu，DRT）。就这样九大会计师事务所的时代结束了，六大会计师事务所正式形成。

2. 从"六大"到"五大"的历史演变

六大会计师事务所的格局并没有维持太久，1998 年普华会计师事务所和永道会计师事务所合并，组成了普华永道会计公司（Price Waterhouse Coopers，PWC）。这样五大会计师事务所就形成了。

3. 从"五大"到"四大"的历史演变

2001 年美国安然公司事件的爆发，标志着五大会计师事务所时代的终结。2002 年 8 月，安达信会计公司（Andersen）解散，最终形成现在四大会计师事务所的格局。即普华永道（PWC）、安永国际（EY）、毕马威国际（KPMG）、德勤（DTT）。

3.2.1.3 "四大"演变的特点

1. 独特的企业文化

德勤会计师事务所最初是由风格完全不同的合伙人合并成立。目前的德勤会计师事务所主要由 Deloitte、Touche 和 Tohmatsu 三家会计师事务所合并而成，英国人的绅士风度、法国人的浪漫情怀以及日本人的谦和礼仪注定了德勤的多元文化氛围。Deloitte 的文化理念是"缓慢而稳定——做审计师的审计师",Touche 的文化追求是"敢于打破常规,敢闯敢为"的精神,Tohmatsu 则非常重视教育,"关注对新生合伙人的培养,使公司向国际化、全球化的方向发展"。合并后德勤会计师事务所的企业文化主要是遵循"发展无止境"的规律,只要有能力胜任,就可以取得机会,其主要特点是正直、对文化差异的适应性、分工明确的责任委托关系和杰出公正的员工价值评价。

回顾普华永道会计师事务所的百年历史,其合伙文化有两点非常引人注目:第一,"质量至上"的基本文化理念。第二,传统的谨慎吸纳合伙人的原则。从创始人 Price 和 Waterhouse 开始,就特别强调核心合伙人的一致性,特别谨慎地对待合伙人的发展。这一思想一直被坚持下来,存续了 100 多年,直到 20 世纪的 80~90 年代才有所改变。100 多年来,普华永道会计师事务所的执业理念和其采取的合伙人领导模式,战胜了种种本土的、国际的经济困境,满足了客户、政府的需求,关注审计,为特定消费者服务,赢得了高质量的信誉。

安永会计师事务所的文化中有一个突出的亮点,那就是"以人为本"。公司非常重视员工的感受,安永会计师事务所为每一位员工提供事业发展空间和职位升迁机会,在安永会计师事务所,女性也可以成为会计师事务所的高级合伙人,这就是这种"以人为本"文化的另一种体现。安永会计师事务所为发展自己的价值理念,曾征询过世界各地的员工:作为个人、作为公司员工应该是什么、应该代表什么? 在总结大量反响的基础上,逐渐形成了公司的价值理念:做正直、具有团队精神的人;保持活力、热情和勇气;员工之间的关系建立在做正确事情的基础上。如今,"创新、进取、机敏、关怀、诚实、信任"已成为安永会计师事务所企业文化的核心。正是安永会计师事务所的"人本"观念,才使它拥有一支优秀的人才队伍,获得了巨大的发展。

毕马威会计师事务所的文化也充满高度的人文关怀和极其民主的色彩。例如,毕马威会计师事务所有美国历史上第一位黑人合伙人 Frank. K. Ross,他不仅开创了非洲和美国之间业务的往来,拓展了新的业务领域，更重要的是，他将人性化管理推广到新业务领域的开拓中。他本身的成功同时也是毕马威会计师事务所的文化中摒弃种族歧视、倡导民主精神的一种体现。毕马威会计师事务所希望为员工提供的不仅是一份工作及收入，更提供了一份事业。女性在家庭和事业之间往往很难平衡，但是毕马威会计师事务所对于女性遇到家庭特殊需要时给予的弹性工作时间，免除了女性后顾之忧。这样的人文关怀对建设优秀的人才队伍有极大的帮助，因为这个行业的工作有一定的连续性，需要一定经验和操作能力的积累，如果能将那些优秀的人才沉淀下来，对公司的未来发展是很有好处的。

2. 广泛的业务领域和精湛的专业能力

国际四大会计师事务的业务广泛，从最传统的审计业务到战略咨询业务，从电子商务技术支持到税务法律咨询，真是无所不包。国际四大会计师事务所规模巨大，各类人员齐全，有能力开展各方面的业务。另外，国际四大会计师事务所以行业专门化来创造可持续的竞争优势。在 20 世纪90 年代早期，国际四大会计师事务所开始改变它们的组织结构，围绕着传统的审计、税务和咨询服务的生产线进行改造，对广泛的行业分部活动进行重组，并开始营销其行业专门化的专业技能。基于对行业专门化的高度重视，以及为了在一些行业审计市场上塑造独特的竞争优势，国际四大会计师事务所已形成了行业专门化的显著特征，对传统的按业务类型设立的组织机构进行了重组，转而按行业服务线来设立其内部机构。1993 年，毕马威会计师事务所率先将公司的业务重组为以下五大部门：金融服务部门，保健和生命科学部门，制造部门，零售和分销部门，信息、通信和娱乐部门。至 1998 年，国际四大会计师事务所均在其各自的网站上披露了其聚焦发展的行业。

3. 海外扩张和全球网络的构建

国际四大会计师事务所的海外扩张主要通过吸引当地会计师事务所成为其国际公司的会员，然后把在全世界已经成熟应用的公司制度、业务程序及公司文化复制到当地的会员公司中去。国际四大会计师事务所的结构更像一个松散的全球网络，每个国家的分公司都是国际四大会计师事务所的会员公司，会员公司与国际四大会计师事务所之间通过签署协议规定双方的权利和义务，而国际会计公司的管理人由不同国家和地区的代表按一定程序选举产生，国际公司与会员公司之间除协议的约束之外没有完全的控制关系。国际公司主要负责基础设施的建设、人力资源、会员公司之间的协调和其他公共项目的研究和共享工作。会员公司之间在国际公司的协调下，互派人员、协助培训，以保持业务和风格的一致性。在公司实体组成的松散网络基础上，国际四大会计师事务所加强了单项业务在全世界业务中的联系性和一致性，形成业务子网络，以充分利用世界范围内的人力资源，并确保单个业务在风格和质量上保持全球统一的标准。这样在每一个国家，其所有的业务组成这个国家的会员公司，作为一个整体在战略上统一行动，人员上相互调剂，而每个国家的单项业务在世界范围内，又是一个紧密的网络，在战略及具体服务上保持一致，分享技术和经验，并联合全球员工的力量把服务推向更专业、更深入的方向。而国际公司在其中为这些网络提供全面的协调和技术支持。这样不仅使每个国家的会员公司对各个业务在当地的发展能有统筹规划，而且使得单项业务能在各国之间加强联系，保持在国际四大会计师事务所大标识下独立的小标识。

3.2.2 中外会计师事务所发展的规模效应比较

纵观中外会计师事务所的规模化发展历程及现状，可以看出，中国的会计师事务所与西方国家的会计师事务所相比，还存在着很大的差距，主要表现在以下几个方面。

3.2.2.1 经营规模水平

随着市场经济的发展，企业规模的不断扩大，会计师事务所的业务量和执业的复杂程度也不断增加。目前，中国会计师事务所的规模普遍较小，无论从会计师事务所的收入总量，还是从会计师事务所的整体素质来看，中国会计师事务所与国际会计师事务所的水平差距还是很大的。如表 3-1 及表 3-2 所示。

表 3 - 1 **国际四大会计师事务所 2009～2010 年排名**

2010年排名	公司名称	总部所在地	2009年度收入（百万美元）	2008年度收入（百万美元）	分支机构（家）	员工人数（人）	业务明细（%）			
							审计	税务	咨询	其他
1	德勤	纽约	10 722.00	10 980.00	102	42 367	37	24	34	5
2	安永	纽约	7 620.00	8 232.10	80	25 600	41	33	23	3
3	普华永道	纽约	7 369.44	7 578.30	76	31 681	54	31	0	15
4	毕马威	纽约	5 076.00	5 679.00	88	22 960	48	27	25	0
合计			30 787.44	32 469.40	346	122 608				

资料来源：2009～2010 年美国公共会计公司百强榜。

表 3 - 2 **2009 年度中国会计师事务所排名**

2009年排名	公司名称	2009年度收入（万元）	注册会计师人数（人）	人均收入（万元）	综合得分
1	普华永道中天会计师事务所	257 843	678	51.80	974.91
2	德勤华永会计师事务所	237 025	715	49.06	901.21
3	毕马威华振会计师事务所	222 110	648	51.01	843.74
4	安永华明会计师事务所	196 064	866	44.21	766.62
5	中瑞岳华会计师事务所	87 205	1228	28.74	395.64
6	立信会计师事务所	66 266	674	32.06	292.01
7	信永中和会计师事务所	51 860	1 016	21.30	260.11
8	天健会计师事务所	50 266	705	29.59	240.65
9	国富浩华会计师事务所	53 225	864	26.09	237.75
10	大信会计师事务所	51 676	527	28.12	230.13
11	立信大华会计师事务所	51 086	644	31.04	221.47
12	天职国际会计师事务所	41 316	620	27.77	200.99
13	天健正信会计师事务所	38 758	702	21.98	188.05
14	中审亚太会计师事务所	40 065	529	28.70	185.92
合计		1 444 765	10 416		
其中中国本土前10大会计师事务所收入合计		531 724			

资料来源：中国注册会计师协会网站（http：//www. cicpa. org. cn/），2002～2009 年度事务所前百强信息，2010 年 6 月。

从表 3-2 中可以看出，中国本土会计师事务所前 10 强合计的总收入为 53.31 亿元，是国际四大会计师事务所中国成员所的收入的 58.47%，而这十家本土百强会计师事务所，在近年来都进行过若干次的合并，相当于本土会计师事务所的前 30 强事务所的联合体，如果拿中国本土的十强会计师事务所与国际四大会计师事务所（如表 3-1 所示）进行对比的话，中国十大本土会计师事务所的总收入，还不到国际四大会计师事务所收入的 3%。所以本土会计师事务所和国际四大会计师事务所的差距依然巨大。

如表 3-3 所示，国际四大会计师事务所每个注册会计师平均业务收入为 406.62 万元，远远超过本土会计师事务所注册会计师人均收入的 53.99 万元，前者是后者的 7.52 倍。两种会计师事务所注册会计师的平均业务收入差距非常巨大。

表 3-3   2008 年度注册会计师平均创收与会计师事务所平均创收的比较

前百强人均创收	四大所人均创收	非四大人均创收	四大/非四大
99.62 万元	406.62 万元	53.99 万元	7.53 倍
前百强所均创收	四大所均创收	非四大所均创收	四大/非四大
19 672.10 万元	259 729.00 万元	9 669.72 万元	26.86 倍

资料来源：中国注册会计师协会网站（http://www.cicpa.org.cn/），2002~2008 年度事务所前百强信息，2009 年 5 月。

由于中国会计师事务所的规模小，使它们在会计市场开放后的竞争中处于十分不利的地位。会计师事务所是为企业服务的，企业规模的扩大要求会计师事务所规模必须同步增长。改革开放以来，中国经济得到飞速发展，企业规模日益扩大，一批规模大、实力强的大型企业集团迅速崛起。根据 2010 年财富全球 500 强的排名资料，中国包括香港和台湾在内的上榜企业达到 54 家，比 2009 年的 43 家增加了 11 家，增加比例为 26%，其中中国石油化工股份有限公司以 1 875.18 亿美元的年销售额排名第七位，成为排名最靠前的中国企业，且前十强企业中共有三家中国公司，分别为中国石油化工股份有限公司排第七名，中国国家电网排第八名，中国石油天然气集团公司排第十名。其他中国公司中，中国移动和中国电信分别列第

77 位和第 204 位。

以工商银行、农业银行、中国银行、建设银行四大国有商业银行为例，其国内分支机构就有几千家，按照目前国内会计师事务所的规模，恐怕任何一家国内会计师事务所都难以独立承担其中一家银行的审计业务。从发展趋势来看，国有资产监督管理委员会成立以来一直强调并奋斗的目标是"到 2010 年中央企业减少到 80 家至 100 家，努力培育 30 家至 50 家具有国际竞争力的大公司大企业集团"。大型企业集团日益增多，必然要求有相应规模的会计师事务所提供专业服务。目前国内会计师事务所整体规模偏小，年业务收入超过 2 000 万元的国内会计师事务所只有 100 多家，拥有注册会计师超过 100 名的会计师事务所也只有 70 多家，所以尽管有着非常广阔的会计审计服务市场，然而这并没有给国内会计师事务所带来太多的机会，由于发展速度缓慢，无法提供相应的服务，不得不将本属于我们的市场拱手相让给外资合作所。

3.2.2.2　人力资源的结构配置

注册会计师行业作为智力密集型行业，人才是行业发展的根本。缺乏人才，尤其是高素质人才，将严重制约行业的健康发展。从总体看，中国注册会计师行业人才素质参差不齐的问题依然比较突出，特别是缺乏一支在数量和质量上都能够满足国际竞争需要的高层次的注册会计师队伍。如果不能在较短的时间内解决这个问题，那么我们就有可能在与国际同行的市场较量中失去主动权，就会错失行业发展的机遇。表 3 - 4 和表 3 - 5 给出了中国本土会计师事务所与国际四大会计师事务所中国成员所在人才结构上的差异。

表 3 - 4　2008 年度四大成员所和国内百强所注册会计师学历结构的比较　单位：%

项目	大专及以下	本科	硕士（含双学历）	博士
四大成员所	2.07	71.62	25.84	0.47
国内百强所	33.21	59.61	6.78	0.40
差异	-31.14	12.01	19.06	0.07

资料来源：中国注册会计师协会网站（http://www.cicpa.org.cn/），2002~2008 年度事务所前百强信息，2009 年 5 月。

表 3 – 5   2008 年度四大成员所和国内百强所注册会计师年龄结构的比较   单位: %

项目	40 岁以下	40 ~ 60 岁	60 岁以上
四大成员所	96. 63	3. 33	0. 04
国内百强所	67. 04	25. 75	7. 21
差异	29. 59	22. 42	7. 17

资料来源: 中国注册会计师协会网站 (http: //www. cicpa. org. cn/), 2002 ~ 2008 年度事务所前百强信息, 2009 年 5 月。

表 3 – 4、表 3 – 5 的统计数字表明, 中国本土会计师事务所无论在年龄结构还是学历结构方面与国际四大会计师事务所在中国成员所均存在着一定的差距。从表 3 – 4 我们可以清楚地看出, 在学历结构上, 国内前百强会计师事务所的注册会计师有 1/3 的学历是大专及以下, 而国际四大会计师事务所中国成员所大专及以下学历的注册会计师只有 2. 07%, 两者差异 31%; 而硕士学历的注册会计师, 国内百强会计师事务所只有 6. 78%, 国际四大会计师事务所中国成员所有 25. 84%, 两者差异也近 20%, 这些注册会计师学历水平的巨大差异, 显示了国内百强会计师事务所注册会计师的学历结构相对于国际四大会计师事务所中国成员所来说, 其学历结构水平较为低下。从表 3 – 5 我们也可以看出, 在年龄结构上, 国际四大会计师事务所中国成员所几乎所有的注册会计师都是 40 岁以下的年轻人, 而国内百强会计师事务所却只有 67% 是 40 岁以下, 而且还有 7. 21% 是 60 岁以上的, 注册会计师行业是高工作强度的行业, 没有良好的身体素质, 根本无法胜任这个高工作强度的职业。这些注册会计师学历水平和年龄结构的巨大差异, 同时也反映了国内百强会计师事务所的注册会计师人员队伍素质与国际四大会计师事务所中国成员所相比还是有巨大的差异。可见, 目前中国本土会计师事务所执业队伍的现状与国际同行的差距非常明显。

3. 2. 2. 3   公司治理平台

国际会计公司经过近百年的发展, 应该说已经建立起比较先进、科学、系统、成熟的内部管理系统, 即会计师事务所管理平台。这个管理平台包括会计师事务所治理结构、风险管理系统、质量控制系统、人力资源管理、业绩考核及分配体制、业务管理体制等等，具有很强的系统性、科学性、可扩充性，为会计师事务所的全球扩展提供了强有力的保障。

纵观国内会计师事务所的现状，由于客观环境与国外不同，并且会计师事务所发展历史不长，还处于发展初期，加上目前也很难系统了解国际会计公司的内部管理模式，只能通过一些局部的、浅层的交流了解到一些国际会计公司的情况，大部分国内会计师事务所对内部管理体制还处于摸索阶段。实践中，这个治理平台更多的是体现会计师事务所管理者（合伙人）的理念、思想，体现会计师事务所管理层对管理会计师事务所的感性认识。因此，国内会计师事务所在管理体制和管理制度上差别很大，尽管各有各的特色，但是国内会计师事务所尚未形成比较系统、合理、成熟的管理平台，不能适应会计师事务所发展的需要，这也是我们国内会计师事务所没有很好解决的一个问题。如果没有一套系统、科学、合理管理平台的保障，要形成自己的核心能力、创造自己的竞争优势，要拓展业务，要控制业务风险，要平衡会计师事务所内部利益，要扩大规模、上水平、上质量，都是不可能的。一些会计师事务所起步阶段发展很快，但发展到一定阶段，就感到困难重重，问题很多，矛盾很大，内外交困，经营中出现各种各样的问题，甚至威胁到会计师事务所的生存发展，这都是很好的证明。

3.2.2.4　业务关联领域

服务领域的拓展是会计师事务所保持竞争优势的手段，会计、审计、法律、税务、资产评估、管理咨询等业务具有互补性，拓展这些领域的份额，健全服务功能，可以共享专业资源，提高服务品质，还可以降低成本，提高效率，防范事务所的经营风险。而目前，国内会计师事务所的业务收入主要来源于传统的会计报表审计服务，非审计服务仅占业务收入总额的15%左右。表3-6以北京地区会计师事务所的业务收入结构为例，来说明这种业务单一的状况。

表 3-6			北京地区会计师事务所业务收入分类一览			单位：%	
年度	审计	验资	资产评估	咨询服务	培训	税务代理	其他
2002	78.49	4.25	4.09	10.74	0.37	—	2.06
2003	82.05	3.46	2.94	4.91	0.13	4.63	1.88
2004	82.62	3.60	3.05	6.23	0.07	1.77	2.67
2005	87.42	0.98	2.93	7.15	0.15	0.87	0.49
2006	82.21	1.12	5.29	—	—	—	10.04
2007	84.88	1.08	2.67	—	—	—	11.36
2008	86.26	0.91	—	—	—	—	12.83

注1："—"代表缺少数据；资料来源：北京注册会计师协会网站，（http://www.bicpa.org.cn/），2002~2008年度北京会计师事务所前百强信息，2010年12月。

注2：2006~2007年北京注册会计师协会只将会计师事务所的收入分成审计、验资、资产评估和其他四类，2008年北京注册会计师协会只将会计师事务所的收入分成审计、验资和其他三类，因为资产评估业务已经改由专门的资产评估事务所进行执业，会计师事务所不再执行资产评估业务。

而我们对比国际会计公司，发现它们在业务收入的来源上，除传统的审计鉴证业务外，还包括大量的咨询、企业评估、兼并收购、诉讼支持、税务等业务，同时业务范围遍布全球。如德勤会计师事务所于2010年宣布，该事务所2009财年（截至2009年5月31日）全球总收入达到107.22亿美元。其中审计业务收入只占全部收入的37%，税务收入占全部收入的24%，咨询业务占全部业务收入的34%，其他收入占全部收入的5%。从业务范围来看，传统的审计和会计业务在国际四大会计师事务所业务中的比重越来越小。传统审计会计业务收入比例在国际四大会计师事务所总收入比例中已经降为40%左右，管理咨询等业务上升到60%左右。并且法律、保险精算、ISO9000认证、网络信托鉴证、信息系统规划等新型服务还在不断兴起。

3.2.2.5 服务网络质量

有人认为国内会计师事务所与国际会计师事务所相比提供的服务质量并不差多少，然而国内会计师事务所收费却低很多，心里感到非常不平衡。从微观角度看有一定道理，但站在全球角度看，其还是具有合理性的。因为国际会计公司的触角伸到世界大部分国家和地区，能为跨国公司提供全球快速、有效的服务，而国内会计师事务所甚至连国内服务网络都尚未真正形成。一些会计师事务所虽然已经建立了国内成员所、合作所、分所等，但与国际会计公司相比，在理念、文化、目标、管理体系、执业标准、业务协调管理、人员培训和调配等方面都有很大的差距。

由于跨国、跨地区机构的设立，国际会计公司各地办事处能够了解和掌握当地的法律法规和制度，能较好地满足本地有关的需求，既能按照母公司所在国的会计、审计准则或国际资本市场的要求提供服务，也能按照当地有关法律、法规、制度等提供服务，还能从全球的角度提供税务服务、融资服务和投资服务，帮助公司创造价值。

中国本土会计师事务所与国外会计师事务所的规模效应的差距和对比非常明显，对于我国大多数会计师事务所而言，规模效应不明显，对于中小会计师事务所，可能几乎体现不出来，而对于国外的会计师事务所而言，是另外一种局面，即会计师事务所的规模效应已成为制约其发展的关键因素，所以，对于中外会计师事务所之间的这种差距，研究和分析其原因就显得尤为必要。

3.2.3　中外会计师事务所规模效应存在差距的原因

中国会计师事务所与国际会计公司之间存在的这些差距，我们可以主要从宏观因素和微观因素两方面来分析。

3.2.3.1　宏观因素

1. 原来挂靠体制的制约

在中国，以前绝大多数会计师事务所是由政府部门、科研单位、事业单位、社会团体等法人出资设立的，这些法人是会计师事务所的"挂靠单位"。在原有挂靠体制下，会计师事务所均挂靠在由行业、部门、区域等条块结合的网状结点上。挂靠单位毕竟在人财物等方面给予了会计师事务所大力的支持，所以从情感和利益等各方面他们都不愿割舍会计师事务所。即使会计师事务所有合并和规模化的内在需求，也没有制度根基，挂靠体制给会计师事务所合并和规模化发展形成了一张冲不破的铁网。虽然在 20 世纪 90 年代进行了会计师事务所脱钩体制改革，但是由于过去传统的政府行政力量干预的影响，加之会计师事务所本身体制改革的时间并不长，因此影响着当前中国会计师事务所的规模化发展。

2. 执业环境的制约

脱钩改制对会计师事务所、注册会计师而言无疑是一场革命。随着脱钩改制的完成，原有的一些不正当竞争行为，例如利用挂靠单位的行政手段招揽业务、进行地区垄断和行业垄断，开始逐渐地消失。但是，会计师事务所的不正当竞争并未就此结束，反而在某些方面突出表现出来，从而影响中国会计服务市场的整体发展和会计师事务所的规模化进程。

（1）源于外部企业压力的不正当竞争行为。中国的市场主体——企业是一个尚未完全规范的群体，虽然中国有关法律法规对于企业的行为规范越来越严格，但许多企业的会计行为仍漠视会计知识与法律规范，导致许多会计报表不规范，并以"不通过就更换会计师事务所"来要挟。一些会计师事务所为了招揽客户，占领市场，不惜以满足客户的不正当要求为代价。

（2）源于会计师事务所内部的不正当竞争行为。脱钩改制后，会计师事务所内部的不正当竞争行为不仅没有减少，反而有增加趋势。一方面，在改制中，一些不符合开办会计师事务所条件，或者已经撤销的会计师事务所改头换面，摇身变成基建审核所、会计咨询公司、财务公司等中介机构，由此引发相互之间的不正当竞争；另一方面，一些会计师事务所通过采取竞相压价、诋毁同行、虚假宣传、分成回扣等不正当竞争手段来招揽业务和保住客户。

（3）源于权力部门的不正当竞争行为。在这方面，最典型的是地方政府的"地方保护主义"，这种有悖市场竞争法则的行政干预引发了审计市场的地域分割。而且如果行政干预不当的话，往往会破坏正常的审计市场供求均衡，阻碍审计行业良性竞争格局的形成。

上述各种类型的不正当竞争行为的大量存在，对会计师事务所的规模化发展带来了极其不利的影响，主要表现在规模化经营的长远利益往往被不正当竞争的眼前利益所冲淡。而且在以价格为主要竞争策略的执业环境下，会计师事务所的发展难免会受到非市场噪音的干扰，规模经济性、人力资源优势、品牌优势都难以发挥，从而不适宜于会计师事务所的成长与壮大。

3.2.3.2   微观因素

1. 运行机制的滞后

目前会计师事务所的内部管理机制大多还是建立在原有体制的基础之上，成为改制后会计师事务所发展的羁绊。如何建立与新体制相适应的新的经营管理机制，如何统一执业理念、树立风险意识、强化质量监控、重视人力资源管理，如何理顺会计师事务所的责、权、利关系，如何确定考核分配制度，已经成为改制后会计师事务所亟待解决的问题。在这些自身内部管理机制问题尚未解决的情况下，会计师事务所的规模化发展也就无从谈起。

2. 优势资源的稀缺

从注册会计师行业"人合"的特点来看，会计师事务所的规模化发展归根到底取决于人才的集中，而年轻化、专业化人才的不足，直接制约着规模效应。对比国际四大会计师事务所我们发现，他们每年都要挑选一大批优秀的毕业生加入他们的队伍，不断为其输送新鲜血液，而且他们重视对人员的培训，每年在人员培训方面的投入相当大，这就为他们塑造了很多具备专业执业能力的人才，而且使得财会、金融、法律、税务、经济、工程、计算机、贸易等各类专业人才汇聚一堂。从长远来看，这样可以加快知识和经验的传播程度，使得会计师事务所有能力涉足专业研究领域和新产品的开发。中国会计师事务所目前缺乏这种年轻化、专业化的优势资源，在与国际四大会计师事务所的较量中就会处于劣势。

从表 3-7 中可以看出，国内会计师事务所员工的收入与国际四大会计师事务所中国成员所员工的收入相比差异很大。由于两个会计师事务所员工薪酬的巨大差异，国内会计师事务所根本就无法留住人才，中国本土会计师事务所收入与国际四大会计师事务所相比显得极其微薄，加上本土会计师事务所的合伙人和管理者心态贪婪和目光短浅，能给员工留下的只是失望和不平衡，对本土会计师事务所丝毫没有归属感，对事务所的离弃也是必然，虽然国内会计师事务所也号称"以人为本"，但是业务收入的巨大差异让它们无法真正"以人为本"。

表3－7　　　　　　　2008 年外资所与内资所员工月收入对比　　　　单位：元

外资所—职务分类	月薪（税前）	内资所—职务分类	月薪（税前）	差异
A1	5 000.00	三级审计员	1 500.00	3 500.00
A2	6 500.00	二级审计员	2 000.00	4 500.00
A3	8 500.00	一级审计员	3 000.00	5 500.00
B1	12 000.00	项目经理	6 000.00	6 000.00
B2	14 000.00	高级项目经理	8 000.00	6 000.00
B3	18 000.00	经理助理	10 000.00	8 000.00
M1	30 000.00	经理	12 000.00	18 000.00
M2	40 000.00	高级经理	14 000.00	26 000.00
M3	50 000.00	授薪合伙人	25 000.00	25 000.00
Partner	—	合伙人	按项目分成	—

资料来源：根据国内会计师事务所及四大会计师事务所员工访谈记录整理得出，2009 年6 月。

3. 可行性分析的缺乏

目前，大多数会计师事务所的合并存在一种应急倾向，对合并的可行性未作深入细致的分析。一些会计师事务所执业质量、注册资本、执业人员，尤其是注册会计师人数不足，会计师事务所面临着被撤销的危险。为了生存，会计师事务所不得不联合或者合并，以满足法律规定的执业条件，暂时避免被清理掉的厄运，合并还没有被当作一种增加竞争能力和提高效率的战略方法来使用。目前中国会计师事务所合并之前的可行性研究，在内容的科学性和规范性方面做得还很不够，有些会计师事务所的合并全靠经验，靠碰运气，有些会计师事务所一年之内可以合并很多家会计师事务所，而且每年都在进行新的合并。由于合伙人之间缺乏共识，这样就产生了很多不必要的矛盾，有的会计师事务所合伙人为"权"和"利"而分裂，甚至走向法庭。造成这种状况的原因既有客观上的，也有主观上的。客观上讲，中国注册会计师行业发展尚不充分，有关会计、审计服务市场的需求分析，以及各地区会计师事务所结构分布和实力排名的数据资料难以获取，这就给合并可行性研究的具体工作带来了较多的困难。此外，外部环境主要是行政力量对会计师事务所合并的推动，造成会计师事务所对行政力量一定的依赖性，在某种程度上也降低了研究的自觉性。从主观角度来说，由于中国会计师事务所规模普遍较小，管理组织机构简单，合并的效益比较明显，也使其可行性研究的动力不足。显然，这样的合并无助于会计师事务所的规模化发展。

当然，对于本土会计师事务所的规模效应的研究和分析，以及对目前现状的评价和比较，仅靠感性和粗浅的知识和经验，很难对这一重要问题给出客观、科学的评价和总结，也不会对整个行业的规模化发展提出高质量的、具有可行性和可操作性的意见和建议，所以，后面我们将通过数据检验对此问题做出更深的分析和挖掘。

第4章

中国本土会计师事务所
规模效应的经验分析

本章主要运用中国注册会计师协会对中国会计师事务所前百强 2001~2009 年的排名数据，对中国审计市场垄断情况进行描述性统计；并运用经济学模型对中国会计师事务所处于规模效应的哪个阶段进行验证；然后对厦门天健会计师事务所的合并案例进行分析，来进一步验证说明。

4.1

会计师事务所规模效应的制度及环境分析

4.1.1　审计市场结构概述

产业组织理论中的市场，是指一组生产具有较高替代率产品的企业集合，产业组织理论将市场结构划分为完全竞争市场、垄断竞争市场、寡头垄断市场和完全垄断市场，并且认为市场开放程度越高，市场竞争越激烈，则资源配置效率越高，社会福利越大。事实上，完全竞争市场和完全垄断市场都是在一系列假设限制下的理想模型。现实生活中常见的两种市场结构分别是垄断竞争市场和寡头垄断市场。前者由大量市场主体构成，通过生产具有差异的产品或树立品牌，获得较强定价能力；后者则只由几家单位构成一个行业，它们的产品无相近的替代品。

根据美国哈佛学派的梅森和贝恩等人构造的市场结构（structure）—企业行为（conduct）—市场绩效（performance）的产业组织分析框架（即S—C—P范式），S是指市场结构，是厂商间市场关系的表现；C是指厂商行为，是厂商在市场上为谋取利润和市场份额而采取的战略性行为；P是指市场绩效，指在一定市场结构下，通过一定的厂商行为使某一产业在价格、成本、利润、产品质量等方面达到的状态。他们认为，市场结构决定厂商行为，而厂商行为决定了市场运行的绩效。

市场集中度指某特定市场中少数几个最大的厂商所占的市场份额。市场集中度的衡量方法主要有两大类：一类是直接计算各个企业所占市场份额的绝对法，这类方法主要包括集中率（concentration ratio，CR）、赫芬达尔—赫希曼指数（Herfindahl Hirschman Index，HHI）等；另一类是通过计算一定比例的企业所占市场份额比重的相对法，主要包括洛伦茨曲线（Lorenz Curve）和基尼系数（Gini Coefficient）两种方法。

贝恩、植草益等著名学者在对本国产业市场不同的市场集中度进行实证研究的过程中，将不同垄断和竞争程度的市场结构进一步具体化为实用性更强的不同等级的竞争型和寡占型市场结构。贝恩依据行业内前四位和前八位企业的市场集中度指标，对不同垄断程度、竞争结合程度行业的市场结构作了如表4-1所示的分类。

表 4 - 1　　　　　　　贝恩对产业垄断和竞争类型的划分

类型	前四名企业的市场占有率（CR4）	前八名企业的市场占有率（CR8）	该产业的企业总数量
极高寡占型	75%以上		20家以内或20~40家
高集中寡占型	65%~75%	85%以上	20~100家
中（上）集中寡占型	50%~65%	75%~85%	企业数量很多
中（下）集中寡占型	35%~50%	45%~75%	企业数量很多
低集中寡占型	30%~35%	40%~45%	企业数量很多
原子型（竞争型）	30%以下	40%以下	企业数量极其多，不存在集中现象

资料来源：转引自杨公朴、夏大尉主编，《现代产业经济学》，上海财经大学出版社2005年版。

从表4-1可知，若行业集中度CR4<30%或CR8<40%时，则该行业为原子型，即竞争型；若行业集中度CR4≥30%或CR8≥40%时，则该行业为寡占型。寡占型根据程度不同可分为极高、高集中、中（上）集中、中（下）集中和低集中五类。

显然对行业集中度的测试与把握，是政府及相关部门制定有关政策、维护和健全市场秩序的重要依据和参考。由于不同国家的具体国情不同，不同经济学家对市场的垄断和竞争类型的划分标准不尽相同。中国审计市场属于新兴市场，对中国审计市场竞争状况的研究，多是运用产业组织理论中关于市场结构的划分类型来定性分析，这固然有它合理的一面，但是在判断审计市场所处的竞争状态时不够客观。基于此，本书试图采用定量的方法对中国审计市场的竞争状况进行分析，以期对定性分析的结论提供更符合中国审计市场实际的经验解释。

日本学者植草益依据市场集中度将市场结构划分为四种：极高寡占型（CR8>70%），高、中度寡占型（40%<CR8<70%），低集中竞争型（20%<CR8<40%），分散竞争型（CR8<20%）。如表4-2所示。

表4-2　　　　　　　　　　植草益市场集中度的分法

市场结构		CR8 值（%）	产业规模状况（亿日元）	
粗分	细分		大规模	小规模
寡占型	极高寡占型	70 < CR8	年生产额 >200	年生产额 <200
	高、中寡占型	40 < CR8 <70	年生产额 >200	年生产额 <200
竞争型	低集中竞争型	20 < CR8 <40	年生产额 >200	年生产额 <200
	分散竞争型	CR8 <20	年生产额 >200	年生产额 <200

资料来源：〔日〕植草益，《产业组织论》，筑摩1982年版，第16页。

本章将采用贝恩分类法对中国审计市场结构类型加以界定。

赫芬达尔—赫希曼指数指标最早由 A. Hirschman 提出，它是行业内所有企业市场份额的平方和，其计算方法如下：

$$HHI = \sum_{i=1}^{N} (X_i/T)^2$$

其中，N 为审计市场会计师事务所总数；X_i 为第 i 家会计师事务所的市场份额；T 为市场的总规模。将市场份额按 0～1 计算，HHI 指数的数值位于 1/N 和 1 之间。但由于上述公式计算出的 HHI 数值较小，所以实际运用时，市场份额一般以 0～100 的百分值计算。美国司法部的《合并指引》（*Merge Guidelines*）规定 HHI 在实际运用中的标准为：HHI 大于 1 800，市场被认为高度集中；HHI 在 1 000～1 800 之间，市场被视为适度集中；HHI 小于 1 000，该市场被视为集中度较低（徐正刚，2007）。

4.1.2　中国独立审计市场结构分析

审计市场是对审计资源进行有效开发和合理配置的场所，审计市场在本质上是一个买卖"审计服务"产品的市场。审计市场结构是指在审计市场中，不同规模的会计师事务所之间所占有的市场份额、所形成的专业化程度、规模上的关系以及由此决定的竞争形式。审计市场作为服务市场，同样可以划分为完全竞争、垄断竞争、寡头垄断和完全垄断四种类型。决定审计市场结构的主要因素有市场集中度、产品差异、进入退出壁垒、企业一体化和多样化经营的程度、规模经济等等。结合中国独立审计市场的实际情况，本书从市场集中度、产品差异、进入退出壁垒三个方面进行分析和判断。

4.1.2.1　审计市场的集中度

市场集中度是指某一特定市场中少数几个最大企业所占有的市场份额。市场集中度的常用指标是集中度系数 CRn，CRn 是指规模最大的前几位企业的有关数值（如销售额、增加值、职工人数、资产总额等）占整个行业的份额，通常取前 4 位或前 8 位（CR4，CR8）。

1. 英、美发达国家的审计市场结构现状

英、美等西方发达国家的资本市场兴起较早、规模比较大、发展也比较完善，与此相对应，其为资本市场提供鉴证服务的注册会计师行业的发展也比较成熟，研究这些发达国家的审计市场现状对中国审计市场的发展有较好的借鉴意义。

（1）英国审计市场集中度。相关的统计资料显示，"2004 年英国前 4 位会计师事务所的收入占英国 50 家最大会计师事务所的收入比重为 72.21%，前 8 位会计师事务所的收入占英国 50 家最大会计师事务所的收入比重是 83.68%，可见英国的审计市场集中度也比较高，基本上是以前 4 位会计师事务所为代表的寡头垄断结构。"① 审计市场的这一发展现状是与英国高度发达的资本市场状况相适应的，也是与伦敦的国际金融中心地位密切相关。大量不同行业的巨型跨国公司在伦敦的证券交易所上市，从而对审计市场的需求巨大，这样就形成了一个巨大的审计市场。巨型跨国公司对审计的需求也只有大型的国际会计师事务所才能满足，这样就使英国的审计市场高度集中。

（2）美国的审计市场集中度。表 4-3 是美国的一些学者及美国审计总署（GAO）根据会计师事务所的业务收入计算得出的 1955~2002 年部分年份的审计市场集中度，用上述的贝恩分类法为依据，可以得出，美国的审计市场是处于寡占型发展的阶段，排名位于前四位的会计师事务所几乎垄断了审计市场，同时，这四大事务所的规模大致相当，处于高度竞争阶段，这与其高度发达的资本市场相适应，美国的上市公司大多规模巨大，需要较大规模的会计师事务所为其服务，这也强化了四大会计师事务所的垄断地位。

表 4-3　　　　　　　　美国 1955~2002 年审计市场集中度　　　　单位:%

年份	CR4	CR8
1955	57	88
1965	64	95
1977	60	97
1988	63	98
1997	71	99
2002	99	99

资料来源：晏青，陶亚民. 中国审计市场结构优化问题研究. 安徽农业科学，2006，34（2）390-392。

---

① 傅嵘. 中国审计市场结构研究——建立寡占型审计市场的必然性. 财经界，2009（2）.

市场集中度也可运用国际上通用的 HHI 指数进行计算，该指数越大，集中度越高。表 4 - 4 所示为美国审计总署计算的 1988 ~ 2002 年审计市场 HHI 指数。因为会计师事务所的收入和客户数目的阈值分别是 1 800 和 1 000，我们可以看出美国的会计师事务所按照客户数目计算的 HHI 指数自从 1990 年起一直高于阈值，而从 1998 年后按照会计师事务所的业务收入计算的 HHI 指数也超过阈值，可见几个大型会计师事务所处于垄断地位。

表 4 - 4　　　　　　美国 1988 ~ 2002 年美国审计市场 HHI 指数

年份	业务收入（百万美元）	客户数目（个）
1988	1 289	996
1990	1 656	1 368
1991	1 666	1 441
1992	1 666	1 436
1993	1 670	1 411
1994	1 664	1 305
1995	1 663	1 283
1996	1 661	1 271
1997	1 662	1 282
1998	2 168	1 476
1999	2 132	1 399
2000	2 125	1 431
2001	2 093	1 363
2002	2 566	1 610

资料来源：晏青，陶亚民. 中国审计市场结构优化问题研究. 安徽农业科学，2006, 34（2），390 - 392。

2. 中国的审计市场发展现状

目前，中国的会计师事务所数量众多，而从表 4 - 5 和图 4 - 1 中我们可以看出，按照贝恩分类法，中国审计市场的集中度较低，审计市场还处于激烈竞争的市场阶段，会计师事务所之间的相互竞争十分激烈。而中国的资本市场正处于快速的发展阶段，对审计服务的需求增加，会计师事务所数量很多，但是规模较小，限制了会计师事务所提供高质量的审计服务，这会对中国的资本市场发展造成不良影响，对审计市场自身的发展也是不利的。我们根据中国注册会计师协会提供的前 100 家会计师事务所的排名信息，按照会计师事务所业务收入占注册会计师行业总收入的比例求得了 2002～2009 年中国独立审计市场的集中度，结果如表 4 - 5 及图 4 - 1 所示。

表 4 - 5   2002～2009 年中国独立审计市场集中度

年　　份	2002	2003	2004	2005	2006	2007	2008	2009
前四大业务收入（亿元）	16.94	20.40	32.49	45.98	62.59	90.11	103.89	91.30
前八大业务收入（亿元）	19.59	23.99	37.41	52.33	70.77	103.70	124.21	116.86
行业业务总收入（亿元）	110.00	127.00	154.00	183.00	221.00	279.00	310.00	317.00
CR4（%）	15.40	16.06	21.10	25.12	28.32	32.30	33.51	28.80
CR8（%）	17.81	18.89	24.29	28.60	32.02	37.16	40.07	36.86

资料来源：中国注册会计师协会网站（http：//www. cicpa. org. cn/），2002～2009 年度事务所前百强信息，2010 年 5 月。

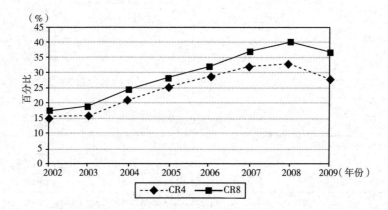

图 4 - 1   2002～2009 年 CR4、CR8 变动

资料来源：中国注册会计师协会网站（http：//www. cicpa. org. cn/），2002～2009 年度事务所前百强信息，2010 年 5 月。

自从 2003 年中国注册会计师协会发布 2002 年度会计师事务所全国百强信息以来，已累计发布了 2002～2009 年共计八年的会计师事务所全国百强信息，通过这八年的会计师事务所全国百强的信息来看，占据百强排行榜前四位的会计师事务所均为普华永道（Price Waterhouse Coopers）、安永国际（Ernst&Young International）、德勤（Deloitte Touche Tohmatsu）和毕马威国际（KPMG International）这国际四大会计师事务所在中国的合作所，中国本土会计师事务所与前四强完全无缘。这样看来，如果不剔除国际四大会计师事务所，直接用中国注册会计师协会发布的会计师事务所全国百强信息来考察中国独立审计市场的集中度并不十分科学。因为这样得到的结果将主要受到国际四大会计师事务所进入中国独立审计市场的影响，并没有真实反映中国独立审计市场自身的发展状况，所以我们有必要进行修正。我们认为，将国际"四大"会计师事务所在中国合作所的影响因素剔除后，来考察中国独立审计市场的集中度，更能客观地反映中国独立审计市场自身发展的状况。按照这一思路，我们将排名全国会计师事务所百强前4位的国际四大会计师事务所在中国的合作所从注册会计师行业总收入及会计师事务所全国百强所中剔除，求得了修正后的2002～2009年中国独立审计市场的集中度，如表4－6和图4－2所示。

表4－6　　　　　修正后 2002～2009 年中国独立审计市场的集中度

	2002年	2003年	2004年	2005年	2006年	2007年	2008年	2009年
修正后四大业务收入（亿元）	3.20	3.59	4.92	6.35	8.18	13.59	20.32	25.56
修正后八大业务收入（亿元）	5.51	6.26	7.99	11.16	14.23	20.98	31.19	45.29
修正后行业总收入（亿元）	93.00	107.00	122.00	137.00	158.00	189.00	206.00	226.00
修正后CR4（%）	3.44	3.36	4.03	4.64	5.18	7.19	9.86	11.31
修正后CR8（%）	5.92	5.85	6.55	8.15	9.01	11.10	15.14	20.04

资料来源：中国注册会计师协会网站（http：//www.cicpa.org.cn/），2002～2009年度事务所前百强信息，2010年5月。

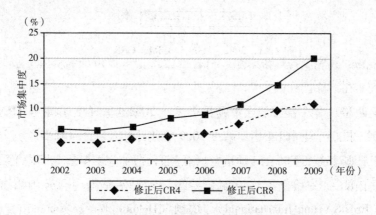

图4－2　修正后 2002～2009 年中国独立审计市场集中度
资料来源：中国注册会计师协会网站（http：//www.cicpa.org.cn/），2002～2009年度事务所前百强信息，2010年5月。

在产业组织理论的实践中，贝恩在对不同产业的垄断竞争情况进行大量实证分析的基础上，提出了以集中度为依据的具有可操作性的市场结构的量化方法，根据集中度指标 CRn 的不同情况将市场分成了 6 种类型：CR4 > 75% 为极高寡占型；75% > CR4 > 65% 为高度寡占型；65% > CR4 > 50% 为中上集中寡占型；50% > CR4 > 35% 为中下集中寡占型；35% > CR4 > 30% 为低寡占型；CR4 < 30% 为原子型。根据这一原理，我们从表 4 - 5 的结果来看，中国独立审计市场的市场结构正在从原子型市场向低寡占型市场过渡；但是如果我们从表 4 - 6 的结果来看，在剔除国际四大会计师事务所在中国合作所的影响因素后，中国独立审计市场的结构仍属于原子型市场，而且离低寡占型市场仍然有较大的距离。因此，从表面上看中国独立审计市场的结构正在从原子型市场向低寡占型市场过渡，这一现状完全是由于国际四大会计师事务所进入中国市场的影响造成的，并非中国本土会计师事务所发展的结果。

中国 A 股审计市场集中度的提高是因为国际合作所市场份额的增加造成的，而并非国内会计师事务所合并的结果，国内大型会计师事务所的竞争优势尚不明显，中国审计市场依然呈现的是分散化的竞争状态（彭桃英、刘继存，2008）。

通过表 4 - 5 和表 4 - 6 的对比我们可以看出，国际四大会计师事务所在中国的合作所对中国独立审计市场集中度的影响是十分显著的，修正后的中国独立审计市场的集中度是相当低的。这说明用贝恩分类法分析中国审计市场的集中度与竞争态势，符合中国整个审计市场的实际。按照贝恩分类法，在剔除国际四大会计师事务所的业务收入后，中国本土会计师事务所前四名、前八名的审计市场集中度，尽管也呈现出逐年上升的趋势，但 2002 ~ 2009 年的 CR4 均不超过 30%，CR8 均不超过 40%，而且与国际四大会计师事务所的 CR4 以及包含国际四大会计师事务所与国内会计师事务所前四的 CR8 相比市场份额相差很大，即使是国内会计师事务所的 CR8，在 2009 年的市场份额也才占到整个审计市场 14.29%。由此说明，在严格剔除国际四大会计师事务所市场份额后，中国国内会计师事务所整个审计市场结构则一直属于竞争型。不过，随着 2006 ~ 2009 年国内会计师事务所市场份额的较快增长，目前的竞争状况比起以前年度有所好转。这在一定程度上说明 2006～2009 年中国国内会计师事务所做大做强战略的成效正逐渐显现出来。尽管中国审计市场的集中度到目前为止还相当低，但是在这几年中总体上呈现出提高的趋势。

4.1.2.2　中国独立审计市场的产品差异

根据产业组织理论，产品差异是市场结构的一个主要要素，企业控制市场的程度取决于它们使自己的产品差异化的程度。除了完全竞争市场（同质产品）和寡头垄断市场（单一产品）以外，通常产品差异是普遍存在的。企业对于那些与其他产品存在差异的产品拥有绝对的垄断权，这种垄断权构筑了其他企业进入该市场或行业的壁垒，形成竞争优势。同时，企业在形成产品实体的要素上或在提供产品过程中，造成足以区别于其他同类产品以吸引购买者的特殊性，从而导致消费者的偏好和忠诚。这样，产品差异化不但迫使外部进入者耗费巨资去征服现有客户的忠实性，而由此造成某种障碍，而且又在同一市场上使本企业与其他企业区别开来，以产品差异化为基础争夺市场竞争的有利地位。产品差异越大，竞争可能性越小，垄断性就越强；产品差异越小，竞争可能性越大，垄断性就越弱。注册会计师行业属于中介服务业，对独立审计市场而言，产品差异化是指注册会计师提供的服务足以满足购买者的特殊偏好，使购买者将它与其他注册会计师提供的同类服务相区别，其目的是扩大其市场份额。根据《注册会计师法》的规定，中国注册会计师业务范围包括审计业务、审阅业务、其他鉴证业务和相关服务。其中审计业务是注册会计师的主要业务，会计师事务所的绝大部分业务收入来自审计收入。在审计业务中，年度财务报表审计是最典型也是最重要的业务，因此，本书以年度财务报表审计提供的产品及服务为对象来分析中国独立审计市场的产品差异。

年度财务报表审计提供的审计报告均为固定格式的报告，虽然会根据意见类型分为无保留意见的审计报告、保留意见的审计报告、否定意见的审计报告和无法表示意见的审计报告等四个类型，但是对同一个意见类型的审计报告来说形式上没有差别。年度财务报表审计提供的审计报告的真正差别来自提供审计报告会计师事务所的从业资格。

中国的会计师事务所按照从业资格可以分为具有证券资格的会计师事务所和不具有证券资格的会计师事务所，两者的区别在于具有证券资格的会计师事务所有资格从事证券、期货业务，可以审计上市公司，不具有证券资格的会计师事务不能从事证券、期货业务，不能审计上市公司。

1. 具有证券资格会计师事务所的产品差异

具有证券资格的会计师事务所又可分为国际会计师事务所在中国的合作所和中国本土会计师事务所。受国际独立审计市场对中国注册会计师认可程度的影响，中国本土具有证券资格的会计师事务所一般只对发行 A 股的上市公司进行审计，国内公司发行 B 股、H 股、N 股和 S 股的审计业务一般均由国际会计师事务所及其在中国的合作所包揽，其中主要是国际四大会计师事务所及其在中国的合作所。

从上市公司的角度来看，若同时在境内和境外上市，则选择审计服务时必然会选择国际会计师事务所及其在中国的合作所；若仅在境内上市，则有可能倾向于选择中国本土会计师事务所，因为中国本土会计师事务所的收费会更低一些。至于中国本土会计师事务所提供的审计服务，相互之间差别并不大。

2. 不具有证券资格会计师事务所的产品差异

截至 2010 年 12 月，在全国 7 786 家会计师事务中，具有证券资格会计师事务所共有 55 家，占全国会计师事务所总数的 1% 不到，不具有证券资格会计师事务所共有 7 731 家，占全国会计师事务所数量的 99% 以上。这些不具有证券资格的会计师事务所提供的审计服务主要是针对中小型企业，产品的差异性不大，加上具有证券资格会计师事务所对中小企业审计市场的参与，中小型企业审计市场的竞争非常激烈。

4.1.2.3 中国独立审计市场的进入退出壁垒

1. 中国独立审计市场的进入壁垒

根据产业组织理论，进入壁垒是指当某一产业的在位企业赚取超额利润时,能够阻止新企业进入的那些因素。一个产业的进入壁垒越低,进入者就越容易进入,则竞争程度就越高;相反,如果一个产业的进入壁垒越高,进入者就越难进入,则竞争程度就越低。而一个产业的进入壁垒可分为结构性壁垒、策略性壁垒和政府规制壁垒。

(1)结构性壁垒,即由于产业本身的基本特性而形成的壁垒。其包括技术、成本、消费者偏好、规模经济和市场容量等。从中国独立审计市场的实际情况来看,由于成立新的会计师事务所需要的注册会计师来自在位的会计师事务所,并且成立会计师事务所需要相应的成本,除了办公室租金以及一些通用的办公设备以外,主要是人力资源成本,因此注册会计师行业的技术和成本不构成很强的进入壁垒。而对于一般的审计业务而言,消费者除考虑价格外,对提供报告的会计师事务所并无明显的偏好,因此消费者偏好也不构成进入壁垒。

由于中国99%以上的会计师事务所为不具有证券资格的中小会计师事务所,地域性较强,在业务地域范围较小的情况下,某一地域的审计市场容量是有限的,从而会构成进入壁垒。审计市场可分为大客户审计市场和小客户审计市场,对小客户审计市场而言,规模经济并不显著,因此在小客户审计市场不存在规模经济壁垒。而在大客户审计市场,规模较大的会计师事务所由于人力资源雄厚、经验丰富、业务开展系统规范,审计大客户存在规模经济,相对于较小的会计师事务所而言成本更低,质量更高,因而在大客户审计市场存在规模经济壁垒。

(2)策略性壁垒,即由于在位企业自身的行为而产生的壁垒,主要是流动性进入壁垒。对独立审计市场而言,策略性壁垒主要是指某一个审计细分市场的在位会计师事务所为了阻止其他会计师事务所进入该审计细分市场而设置的障碍。从中国的实际情况来看,独立审计市场的策略性壁垒主要有价格、专业化、声誉、联合服务等方面。

在小客户市场,利用价格作为进入壁垒的情况是比较常见的,一些中小型会计师事务所利用自身的成本优势,通过低廉的业务收费来阻止规模较大的会计师事务所进入小客户审计市场。由于各个行业的企业生产销售方式不同,具体会计核算方式也不同,一些会计师事务所通过提高自身在某一行业审计业务方面的专业化水平，建立专业化会计师队伍，来阻止其他会计师事务所进入该行业的审计市场。

由于审计产品在一定程度上属于"信任品"，消费者一般难以判断审计产品质量的高低，于是会计师事务所的声誉就成为消费者判断审计产品质量高低的重要信号之一。在中国，会计师事务所是不允许通过广告宣传来招揽业务的，但会计师事务所会利用各种机会和方式来提高自己的声誉，以使自己与其他会计师事务所区别开来，并被广大消费者所认可，从而扩大自己的市场份额，并有效地阻止其他会计师事务所的进入。

除上述几种方式外，联合服务也是独立审计市场常见的策略性壁垒之一。联合服务可以分为四种情况：第一，一家会计师事务所对同一个客户既提供审计服务又提供非审计服务；第二，一家会计师事务所对多家相关联的客户提供一种或多种服务；第三，多家会计师事务所联合对同一个客户分别提供不同的服务；第四，多家会计师事务所联合对多家相关联的客户分别提供不同的服务。无论上述哪种情况都将使客户实现"一站式购物"，大大节约了客户的搜寻成本和沟通成本，使客户的交易费用下降，也降低了会计师事务所的交易费用，同时还有利于提高会计师事务所的工作效率和服务质量，从而实现了范围经济。联合服务的提供，使在位会计师事务所与客户的合约关系更加稳固，从而可以有效地阻止其他会计师事务所的进入。

（3）政府规制壁垒，即指政府对某些产品的生产经营只对少数特定企业授权经营而不允许其他企业进入，或者由于发明创造获得的专利权保护，以及其他政府管制措施等而形成的进入壁垒。就中国独立审计市场而言，政府规制壁垒主要体现在会计师事务所设立条件、会计师事务所从事证券、期货相关业务资格的申请条件和注册会计师资格考试等几个方面。

中国目前的会计师事务所主要有合伙制和有限责任制两种形式。两种形式的会计师事务所的设立都比较容易，如有限责任制会计师事务所设立的主要条件是不少于 30 万元的注册资金和至少有 5 名注册会计师，这样的条件是相对容易达到的。相比较而言，会计师事务所从事证券、期货相关业务资格的申请条件要高一些。《财政部证监会关于会计师事务所从事证券、期货相关业务有关问题的通知》规定，会计师事务所从事证券、期货相关业务资格的申请条件主要有：依法成立 3 年以上；注册会计师不少于 80 人，其中通过注册会计师全国统一考试取得注册会计师证书的不少于 55 人，上述 55 人中最近 5 年持有注册会计师证书且连续执业的不少于 35 人；有限责任会计师事务所净资产不少于 500 万元，合伙会计师事务所净资产不少于 300 万元；会计师事务所职业保险的累计赔偿限额与累计职业风险基金之和不少于 600 万元；上一年度审计业务收入不少于 1 600 万元等。相对于目前中国注册会计师总数较少、会计师事务所脱钩改制时间较短、审计业务地域性较强的现实情况而言，这些条件是比较难达到的。因此，截至 2010 年 12 月，在全国 7 786 家会计师事务所中，具有证券资格的会计师事务所只有 55 家，占全国会计师事务所数量不到 1%。如前面第 2 章 2.1 节所提到的，在 2012 年 1 月 21 日的修订版将门槛大幅度提高，截至 2017 年 12 月 31 日具有证券、期货资格的会计师事务所只有 40 家。

注册会计师资格考试的条件高低也是影响独立审计市场进入壁垒的重要因素之一，因为无论是会计师事务所的成立，还是从事证券、期货相关业务资格的申请，注册会计师的数量都是最重要的条件。中国注册会计师资格考试的条件是相对较低的，根据《注册会计师法》以及《注册会计师全国统一考试办法》的规定，具有高等专科以上学校毕业学历，或者具有会计或相关专业中级以上技术职称均可参加考试。相比较而言，美国的注册会计师考试资格则需要具备研究生以上学历。另外，中国注册会计师资格考试划分为专业阶段考试和综合阶段考试。考生在通过专业阶段考试的全部科目后，才能参加综合阶段考试。专业阶段考试设会计、审计、财务成本管理、公司战略与风险管理、经济法和税法 6 个科目；综合阶段考试设职业能力综合测试 1 个科目。而与注册会计师密切相关的财政、金融、投资、国际贸易、经济管理等知识几乎没有涉及。相对于国外的同类考试而言较为宽松。例如英国特许公认会计师（ACCA）考试，总共需要考 14 门课程。

2. 中国独立审计市场的退出壁垒

退出壁垒是指当某一个产业的在位企业不能赚取到正常利润甚至亏损时，而决定退出该行业时所负担的成本。退出壁垒主要是要考虑沉淀成本，即那些一旦投入、固定了专门用途就不能够收回的成本。结合中国的实际情况来看，建立会计师事务所投入的成本可分为设备投入和人力资源投入两个部分。设备的投入，主要是指购买汽车、计算机、复印机和打印机等，由于这些设备的通用性较好，基本上构不成沉淀成本。人力资源的投入，主要是注册会计师的进修、培训等，这部分投入在退出时是不能收回的，构成沉淀成本，但是这部分的成本相对较小。中国独立审计市场的退出壁垒是较低的。

综上所述，中国审计市场依然呈现的是分散化的竞争状态，也就是属于贝恩分类法中原子型的竞争状态。中国会计师事务所规模化效应尚未得到具体体现，所以在目前中国原子型的审计市场结构下，会计师事务所规模化发展是必然的要求。

4.1.3 中国应该建立寡占型审计市场

对于审计市场来说，寡占型市场结构的建立，对审计市场自身的发展是有极大益处的，同时，在对审计市场自身发展的促进过程中，也使得资本市场得到很好的促进与发展，更好地为社会主义市场经济的发展提供支持。

4.1.3.1 建立寡占型审计市场的必然性

经济学的观点认为，市场的充分竞争会使得消费者能够以最低的价格购买到所需的商品，从而实现社会福利的最大化，但是审计服务的特殊性使得审计市场不应该成为完全竞争型的市场。

1. 审计市场上的产品具有公共物品的性质

公共物品的特征是：第一，非排他性，即无法排除一些人"不支付便消费"，即无法排除"搭便车"的现象。第二，非竞争性：任何人增加对该商品的消费都不会减少其他人所可能得到的消费水平。年度报表审计报告公布之后，任意投资者、债权人、潜在投资者，甚至竞争对手都可以从网站、报纸等渠道得到该审计报告，从中获取信息，其获取成本几乎为零，这就具有非排他性。而一个人使用审计报告并不会影响其他人使用审计报告的效用，因此审计报告也具有非竞争性。

2. 公共物品的性质决定了它的最优供给不能在竞争市场上实现

换言之，通过高度竞争方式，不能实现公共物品市场的社会福利最大化。甚至有些学者认为，依靠竞争市场提供公共物品会导致供给过剩。假定生产者对于所有消费者的需求曲线都能够完全知晓，则生产者就能够榨取他们全部的消费者剩余。如果可以自由进入此行业，并且没有平均成本下降的情形，那么对于消费者剩余的竞争就会迫使价格降低，并导致供给过剩。在中国的审计市场上，我们看到价格过低、会计师事务所众多已经是很明显的特征。

3. 审计服务的另一个特性：技术性强

注册会计师行业外的人士不经过长时间的系统培训，难以理解审计人员的工作程序，无法判断审计人员的工作质量。因此，在审计服务的需求者和供给者之间存在严重的信息不对称。在信息不对称的前提下，就会很容易出现道德风险和逆向选择。例如，一些会计师事务所简化必要的审计程序，比较草率得出审计结论。另外，审计服务的需求者无法分辨审计报告的质量，选择了忽略审计质量、采取低价进入式审计定价策略的会计师事务所。坚持高质量执业的会计师事务所反倒因为成本比较高导致收费比较高而遭到排挤。信息不对称通常要求国家行政干预。理性的审计市场应该具有严格的职业技术准入制度。国家加强对市场的监控，及时肃清无法达到注册会计师行业技术标准的会计师事务所。

4. 在审计市场的价格方面的两种观点

一种观点认为，审计质量与审计收费之间是彼此独立的关系。根据委托—代理理论，委托人期望注册会计师来监督代理人的行为，降低代理成本。委托人会根据代理问题的严重程度，决定是否选择大型会计师事务所，是否选择高质量的审计服务，与审计费用无关。从审计服务的供给来看，被审计单位的规模、经济业务和会计事项的复杂程度等因素影响审计服务的成本，审计收费的多少主要由会计师事务所的成本结构决定，审计收费的变化并不必然表明审计质量的差异。另一种观点认为，审计质量与审计收费之间存在相互影响的关系。有高质量审计需求的委托人，愿意付出较高的审计费用，选择提供高水平审计服务的会计师事务所和注册会计师来降低不合格审计的风险。从注册会计师来看，高质量的审计需要较强的敬业精神、过硬的专业素质和良好的职业声誉。显然，拥有这些品质的注册会计师的收费较高。

1994 年，科伯莱的实证研究证明审计费用与审计产品的质量呈正相关关系，即会计师事务所和注册会计师提供的审计产品的质量越好，审计收费越高，但过高的审计费用也会使委托人选择较小的会计师事务所。1978年，AICPA 下属的 Cohen 委员会发现，65% 的已经离开职业会计界的人士和 56% 的业内人士认为低额的审计费用不适当地影响了审计程序和审计时间预算。进而指出，不合格审计的最重要原因是低额的审计费用所导致的审计时间压力。10 年后，AICPA 下属的 Treadway 委员会于 1987 年又得出了同样的结论："会计公司之间激烈的竞争导致了审计费用上巨大的压力，费用上的压力又带来了相应的问题，如减少人员编制、减少时间预算以及在审计约定中减少注册会计师及业务辅助人员。"这两个委员会都指出，低额的审计费用是导致审计质量较低的重要原因。可见，为了保证审计质量，理性的审计行业应该对最低收费水平进行限制。

5. 审计行业需要具有一定规模的事务所

近几年来国际上掀起了企业合并的浪潮，从而对会计师事务所的规模提出了更加严格的要求。根据 1995 年国外某杂志的测算，如果对美国通用公司的所有企业进行一次全面审计，需要动用全球所有的注册会计师才能够完成。另外，美国审计学家迪安基洛（De Angelo）指出：大型会计师事务所具有更强的担保能力，即更有能力抵制客户不许披露欺诈行为的压力；大型会计师事务所有更多的客户，由于某个客户更换审计师而引起的"准租金"（quasi-rents）损失很可能小于未能报告欺诈行为对会计师事务所声誉和审计收入造成的影响。而对此，目前只有寡头市场下的会计师事务所，才可能形成品牌、人才、网络、抗高风险等优势，从而顺利、有效地满足集团式或跨国经营式的上市公司对高质量审计服务的需求。

6. 审计市场集中度对审计质量的影响

理论界认为，会计师事务所的审计质量是其市场集中度的倒"U"型函数，即审计质量随着市场集中度的提高而上升，达到一定程度后再降低。具体表现为：当会计师事务所规模不大，客户数量有限的情况下，会计师事务所对客户的依赖性强，不愿意轻易放弃某个客户，从而为了防止客户改聘其他会计师事务所而屈从于客户的意愿，降低了审计质量；当会计师事务所拥有较多客户时，即市场集中度较高时，会计师事务所拥有一定的专业胜任能力，并且不会因为一个客户而丧失其他客户，会计师事务所会为维持其品牌形象而提高审计质量；当会计师事务所形成市场垄断时，即审计市场集中度太高，容易造成会计师事务所之间的共谋，会计师事务所之间通过博弈达成一种隐性契约，结果导致会计师事务所不担心客户流失而减少在员工上的培训支出，这样将导致审计人员的专业胜任能力弱化而降低审计质量。

目前，在国内对"中国审计市场集中度对审计质量影响"的实证研究中，主要使用会计师事务所的非标准意见作为审计质量替代指标。郭颖和柯大钢（2008）基于 2002～2006 年中国证券市场实证分析，发现中国目前审计市场集中度与审计质量之间呈正线性关系。这表明目前中国单个会计师事务所的市场占有率越高，其审计质量越高；整体的审计质量随着审计市场集中度同向变化。刘桂良和牟谦（2008）以中国证券市场 2004～2005 年的上市公司为样本，用调整后的 KS 模型估计出了与上述研究同样的结论。邹春波（2008）采用非标准意见的比率衡量审计质量，运用曲线估计和回归分析，得出中国审计市场集中度与审计质量之间存在倒"U"型的二次函数关系，从而得出中国应建立寡头垄断型审计市场。目前中国的审计质量与集中度的关系还处于二次函数的前半段，离顶点还很远。侯晓华（2008）基于 1997～2005 年中国证券审计市场资料实证分析得到与邹春波同样的结论。

以上论述表明，审计产品是公共物品，完全竞争的市场模式不能使审计市场实现社会福利最大化。审计市场的信息不完全、注册会计师行业准入规则、审计质量与审计收费正相关要求市场价格控制，经济全球化与审计行业的发展要求存在大型会计师事务所，这些都是寡头垄断市场的特征。因此，寡头垄断市场更符合理性的、有效率的、福利最大化的审计市场的要求。中国本土会计师事务所的规模有待继续提高，中国应建立寡头垄断型审计市场。

4.1.3.2 寡占型市场结构的优点

从上述分析可知，建立寡占型审计市场结构的优点如下。

（1）有利于保证审计服务的规模经济效应。较大规模的会计师事务所容易实现人力资源使用的专门化，审计人员分工比较细，有利于形成人才优势，提高其抗拒风险的能力，并实现高度的审计技术专门化，提高审计效率、节约成本，从而实现审计服务的规模经济效应。

（2）保持并且能提高审计的独立性。少数寡头垄断了审计市场，具有较高的公信力，容易赢得广大投资者的信赖，上市公司为赢得投资者的青睐，就会更倾向于选择规模较大的会计师事务所，使得会计师事务所在选择客户时有更大的自主性，提高了审计服务的独立性。

（3）有利于消除审计活动地域性的限制。寡占型审计市场的建立，便于形成全国统一、公平的审计市场，打破了地区封锁和部门垄断，避免来自各地区政府的行政干预和当地企业的种种限制。

（4）有利于中国自主的会计师事务所品牌，更好地为国民经济发展服务。努力促进较大规模会计师事务所的形成，对中国审计服务走向国际市场是有很大益处的，同时也防止由于外资会计师事务所垄断中国国内审计市场，造成国家经济信息安全隐患、歪曲审计服务价格而对中国资本市场的发展带来不利影响。

4.1.3.3 小结

中国独立审计市场的市场集中度是比较低的，仍属于原子型竞争市场，而且最近几年中国审计市场集中度的提高受国际会计师事务所进入中国的因素影响较大。审计产品的差异主要受会计师事务所资格的影响。对于非上市公司审计市场而言，审计产品的差异非常小，甚至没有差异，竞争十分激烈。对于上市公司审计市场而言，审计产品存在一定的差异。在境外上市的公司的审计业务主要由国际四大会计师事务所及其在中国的合作所包揽，这一审计市场属于寡头垄断市场；在境内上市的公司的审计业务由全国40家具有证券资格的会计师事务所瓜分，其中国际四大会计师事务所在中国的合作所占有较大优势。中国独立审计市场从总体上来看，进入和退出壁垒都比较低，只是其中的证券、期货业务审计市场进入壁垒相对较高，较低的进入和退出壁垒决定了中国独立审计市场属于高度竞争的市场。

中国审计市场的集中度也在逐年较慢地提高。但是，审计市场集中度的提高主要是由于国际四大会计师事务所中国成员所在审计市场占有率的提高而带来的。将国际四大会计师事务所中国成员所剔除后看，国内会计师事务所的集中度依然很低。这意味着本土会计师事务所尤其是小规模的本土会计师事务所面临着激烈的竞争。

4.2
本土会计师事务所所处规模效应的量化分析

4.2.1　理论分析

已经有大量的例子表明，会计师事务所进行合并之后将增加其资本，降低平均固定成本，而且能够通过资源的整合来增加市场占有率，维持市场上的竞争地位，最终增强其核心竞争力。如果会计师事务所在扩充其规模后，能够通过增加产出或增加会计师事务所分所的家数来增加平均收入或者降低平均成本，则就可以说明会计师事务所存在规模经济。DEA 分析和柯布—道格拉斯生产函数检验是检验规模经济的常用方法，本书同时采用两种方法来探讨中国会计师事务所是否存在规模经济。

4.2.2　研究方法与理论模型

4.2.2.1　DEA分析

数据包络分析方法（data envelopment analysis，DEA）是运筹学、管理科学与数理经济学交叉研究的一个新领域。它是根据多项投入指标和多项产出指标，利用线性规划的方法，对具有可比性的同类型单位进行相对有效性评价的一种数量分析方法。DEA方法及其模型自1978年由美国著名运筹学家查恩斯（A. Charnes）和库伯（W. W. Cooper）提出以来，已经广泛应用于不同行业及部门，并且在处理多指标投入和多指标产出方面，体现了其得天独厚的优势。数据包络分析法是一种评估效率的有效方法，被广泛地使用在多投入与多产出之效率衡量上。DEA自从1978年由查恩斯、库伯和罗兹（Charnes，Cooper & Rhodes）三人以固定规模报酬下发展出CCR模型后，1984年班克、查恩斯和库伯（Banker，Charnes & Cooper）发展出非固定规模报酬模式下的BCC模型，而此模式将CCR模型的总效率分解为纯粹技术效率与规模效率，本研究采用BCC模型来分析中国会计师事务所运营效率。

4.2.2.2　柯布—道格拉斯生产函数检验

20世纪20年代末，美国数学家查尔斯·柯布（Charles Cobb）和经济学家保罗·道格拉斯（Paul Douglas）提出了生产函数定理，并用1899～1922年的数据资料，导出了著名的柯布—道格拉斯生产函数，原函数如下：

$$Q = AL^{\alpha}K^{\beta} \tag{4.1}$$

其中，Q为产出量；L为劳动投入量；K为资金投入量。

随着各种生产要素的增加，生产规模的扩大，收益的变动大致要经过以下三个阶段：第一阶段，收益增加的幅度大于企业生产规模扩大幅度，即规模报酬递增阶段（此时 $\alpha + \beta > 1$）；第二阶段，收益增加的幅度与企业生产规模扩大的幅度相等，称为规模报酬不变阶段（此时 $\alpha + \beta = 1$）；

第三阶段，收益增加的幅度小于企业生产规模扩大的幅度，甚至收益绝对减少，这就是规模报酬递减阶段（此时 $\alpha + \beta < 1$）。

对公式（4.1）两边取自然对数可得：

$$\ln(Q) = \ln A + \alpha \ln L + \beta \ln K \tag{4.2}$$

由公式（4.2）我们可以建立以下回归模型：

$$\ln(Q) = \ln A + \alpha \ln L + \beta \ln K + \varepsilon \tag{4.3}$$

由于要检验 $\alpha + \beta$ 与 1 的相对大小，我们可以令 $\alpha + \beta - 1 = \gamma$，则 $\alpha = \gamma + 1 - \beta$，然后将其代入式（4.3），并经过数据称项化简可得下式：

$$\ln(Q) - \ln L = \ln A + \gamma \ln L + \beta(\ln K - \ln L) + \varepsilon \tag{4.4}$$

如果回归结果显示 γ 显著大于 0，则可以说明 $\alpha + \beta > 1$，从而说明我国会计师事务所处于规模报酬递增阶段。

4.2.3　研究设计

4.2.3.1　样本选择

关于样本数据，本节选取了 2010 年 4 月 30 日中国注册会计师协会在其网站公布的"2010 年会计师事务所综合评价前百家信息"（具体资料可以参阅中国注册会计师协会的网站，http：//www. cicpa. org. cn/top100/top2010. htm）。

4.2.3.2　变量的定义与计算

1. DEA 分析所用变量

DEA 分析的数据主要包括投入指标和输出指标两个部分，其中投入指标体系主要关注基础性核心资源要素，具体如下。

（1）CPA 总人数。这项指标可以直接从中国注册会计师协会网站获得。

（2）领军人物数量。这项指标也可以直接从中国注册会计师协会网站获得。

（3）经验丰富的 CPA 人数。由于 CPA 行业需要丰富经验，按照一般的常识，年龄大的 CPA 其执业经验将更加丰富，因此，在本书研究中将年龄大于 30 岁的 CPA 人数划归此类。

（4）高学历人才数。CPA 的工作不仅需要较强的实践经验，同样要有扎实的理论功底，特别是在对审计准则的理解上，需要有一定的大学学习经验，因此，将大学以上学历的 CPA 划归此类。

（5）拥有的分所数量。一个会计师事务所的分所是其业务的延伸，也是其规模的体现。另外，分所运营绩效对主体所的收入往往会产生较大影响。

对于输出指标，更为关注会计师事务所的产出，笔者选定的两个产出指标如下。

（1）年度总收入（万元）。

（2）审计收入（万元）。这是一般会计师事务所都有的收入，也是会计师事务所最传统的业务。

会计师事务所的产出指标在一般研究中经常采用，但在投入指标中，本文没有采用研究其他组织运营效率时经常采用的资本金投入或者资产投入指标，这主要是考虑到会计师事务所属于典型的人力资源型组织，对其影响重大的不是其注册资本的多少，而是其拥有的注册会计师人数及其经验的积累。因此，上述投入产出指标的选择基本上符合了我国会计师事务所的发展现状。

2. Cobb – Douglas 生产函数检验所用变量

我们用会计师事务所收入衡量产出量 Q，用会计师事务所的从业人员数衡量劳动投入量 L，但是由于会计师事务所的资金投入量 K 数据无法获取，我们用滞后一期的会计师事务所收入 lagQ 进行替代。

4.2.4　结果及分析

4.2.4.1　DEA 分析结果

在 BCC 模型下，通过 DEAP 软件的运行，可以得到各会计师事务所运营的技术效率（TE）、纯技术效率（PTE）和规模效率（SE），具体运行结果如表4－7所示。

表 4－7　　　　　　　前百强会计师事务所相对效率分析

排名	事务所名称	技术效率值	纯技术效率值	规模效率值	规模报酬状态
1	普华永道中天会计师事务所	1	1	1	—
2	德勤华永会计师事务所	0.93	1	0.93	drs
3	毕马威华振会计师事务所	1	1	1	—
4	安永华明会计师事务所	0.747	0.758	0.986	drs
5	中瑞岳华会计师事务所	0.187	0.188	0.994	irs
6	立信会计师事务所	0.269	0.27	0.996	irs
7	信永中和会计师事务所	0.136	0.137	0.994	irs
8	天健会计师事务所	0.187	0.19	0.988	irs
9	国富浩华会计师事务所	0.166	0.167	0.994	irs
10	大信会计师事务所	0.269	0.271	0.994	irs
11	立信大华会计师事务所	0.209	0.211	0.988	irs
12	天职国际会计师事务所	0.177	0.179	0.992	irs
13	天健正信会计师事务所	0.145	0.148	0.984	irs
14	中审亚太会计师事务所	0.225	0.242	0.931	drs
15	利安达会计师事务所	0.148	0.164	0.904	drs
16	京都天华会计师事务所	0.176	0.18	0.979	irs
17	中磊会计师事务所	0.163	0.172	0.946	drs
18	北京兴华会计师事务所	0.164	0.18	0.912	drs
19	中审国际会计师事务所	1	1	1	—
20	中准会计师事务所	0.106	0.106	0.994	irs
21	中兴华富华会计师事务所	0.99	1	0.99	irs
22	中天运会计师事务所	0.125	0.132	0.945	irs
23	中勤万信会计师事务所	1	1	1	—
24	江苏苏亚金诚会计师事务所	0.203	0.214	0.949	irs
25	中汇会计师事务所	0.17	0.18	0.945	irs
26	华普天健会计师事务所	0.139	0.147	0.941	irs

续表

排名	事务所名称	技术效率值	纯技术效率值	规模效率值	规模报酬状态
27	北京永拓会计师事务所	0.099	0.103	0.963	irs
28	上海众华沪银会计师事务所	0.328	0.343	0.954	drs
29	江苏天衡会计师事务所	0.224	0.237	0.945	irs
30	江苏公证天业会计师事务所	0.243	0.249	0.977	irs
31	武汉众环会计师事务所	0.204	0.218	0.938	irs
32	新联谊会计师事务所	0.904	1	0.904	irs
33	中兴财光华会计师事务所	0.461	1	0.461	irs
34	北京中天恒会计师事务所	0.812	1	0.812	irs
35	五洲松德联合会计师事务所	0.129	0.135	0.957	irs
36	华寅会计师事务所	0.083	0.09	0.92	irs
37	江苏天华大彭会计师事务所	0.197	0.209	0.941	irs
38	北京红日会计师事务所	1	1	1	——
39	上海上会会计师事务所	0.188	0.203	0.928	irs
40	北京中证天通会计师事务所	0.093	0.103	0.91	irs
41	福建华兴会计师事务所	0.127	0.134	0.942	irs
42	中喜会计师事务所	0.661	1	0.661	irs
43	希格玛会计师事务所	0.861	1	0.861	irs
44	深圳市鹏城会计师事务所	1	1	1	——
45	北京天圆全会计师事务所	0.112	0.116	0.969	irs
46	北京中路华会计师事务所	0.059	0.064	0.926	irs
47	广东正中珠江会计师事务所	0.152	0.158	0.964	irs
48	浙江德威会计师事务所	0.201	0.224	0.901	irs
49	四川华信（集团）会计师事务所	0.159	0.177	0.899	irs
50	青岛振青会计师事务所	0.52	1	0.52	irs
51	中建华会计师事务所	0.56	1	0.56	irs
52	北京中兴新世纪会计师事务所	1	1	1	——
53	亚太（集团）会计师事务所	0.387	1	0.387	irs
54	天津中审联会计师事务所	0.368	1	0.368	irs

续表

排名	事务所名称	技术效率值	纯技术效率值	规模效率值	规模报酬状态
55	山东天元同泰会计师事务所	0.639	1	0.639	irs
56	浙江天平会计师事务所	0.861	1	0.861	irs
57	北京中平建华浩会计师事务所	0.634	1	0.634	irs
58	北京华审会计师事务所	0.911	1	0.911	irs
59	山东天恒信会计师事务所	0.119	0.138	0.86	irs
60	立信羊城会计师事务所	0.112	0.125	0.895	irs
61	上海东华会计师事务所	0.708	1	0.708	irs
62	北京兴中海会计师事务所	1	1	1	—
63	中一会计师事务所	0.31	1	0.31	irs
64	广东中诚安泰会计师事务所	0.934	1	0.934	irs
65	立信中联闽都会计师事务所	0.722	1	0.722	irs
66	上海宏大东亚会计师事务所	0.577	1	0.577	irs
67	祥浩会计师事务所	0.514	1	0.514	irs
68	北京中瑞诚联合会计师事务所	0.073	0.084	0.87	irs
69	浙江至诚会计师事务所	0.166	0.195	0.851	irs
70	重庆康华会计师事务所	0.682	1	0.682	irs
71	南京立信永华会计师事务所	0.577	1	0.577	irs
72	上海公信中南会计师事务所	0.988	1	0.988	irs
73	天津国信倚天会计师事务所	0.472	1	0.472	irs
74	上海沪港金茂会计师事务所	0.957	1	0.957	irs
75	北京华通鉴会计师事务所	0.305	1	0.305	irs
76	中天银会计师事务所	0.259	1	0.259	irs
77	北京公正会计师事务所	0.666	1	0.666	irs
78	上海上审会计师事务所	0.823	1	0.823	irs
79	广东中天粤会计师事务所	0.827	1	0.827	irs
80	湖南建业会计师事务所	0.388	1	0.388	irs
81	北京高商万达会计师事务所	0.596	1	0.596	irs
82	华建会计师事务所	0.87	1	0.87	irs
83	山东大地会计师事务所	0.456	1	0.456	irs

排名	事务所名称	技术效率值	纯技术效率值	规模效率值	规模报酬状态
84	东莞市德正会计师事务所	0.94	1	0.94	irs
85	上海迈伊兹会计师事务所	1	1	1	—
86	湖南安信联合会计师事务所	0.577	1	0.577	irs
87	江苏华星会计师事务所	0.186	0.234	0.796	irs
88	浙江中兴会计师事务所	1	1	1	—
89	重庆谛威会计师事务所	0.678	1	0.678	irs
90	湖南天平正大会计师事务所	0.405	1	0.405	irs
91	河北天勤会计师事务所	0.331	1	0.331	irs
92	山东汇德会计师事务所	0.088	0.106	0.832	irs
93	上海申洲大通会计师事务所	0.685	1	0.685	irs
94	北京中润达会计师事务所	0.71	1	0.71	irs
95	广东中恒信会计师事务所	0.647	1	0.647	irs
96	上海琳方会计师事务所	0.564	1	0.564	irs
97	上海永诚会计师事务所	0.699	1	0.699	irs
98	上海仁德会计师事务所	1	1	1	—
99	湖南恒基会计师事务所	0.628	1	0.628	irs
100	江苏兴光会计师事务所	0.61	1	0.61	irs
	平均值	0.497	0.66	0.81	

如果规模报酬状态为"DRS"则表示该会计师事务所处于规模递减的状态，规模报酬状态为"—"则表示该会计师事务所处于规模不变的状态，而规模报酬状态为"IRS"则表示该会计师事务所处于规模递增的状态，此时会计师事务所可适度扩大其经营规模。一般来说，技术效率（TE）为1的，表示其运营是相对有效的，小于1为相对无效率的。参加受评的100家会计师事务所构成了DEA的100个决策单元（DMU）。从表4-7可以看到，100家会计师事务所的TE平均值为0.497，说明中国会计师事务所的整体运营是无效的。具体分析，TE显示为1的会计师事务主要有：普华永道中天会计师事务所、毕马威华振会计师事务所等11家会计师事务所，占决策单元整体集合的11%，说

明中国会计师事务所整体上 11% 左右的运营是有效率的。在 TE 为 1 的会计师事务所中，国际合作所的为 3 家，占 27% 左右，说明只有小部分本土会计师事务所与国际合作所的运营效率比较接近，没有出现明显的劣势。

通过表 4 - 7，我们可以看到，规模效率（SE）等于 1，表示该会计师事务所处于最适当的规模报酬状态，即处在最适当的生产规模下，有最理想的经营绩效（即产出），属于此类的会计师事务所有 11 家，都是技术效率达到 1 的，正是它们的发展领跑着中国的注册会计师事业的进步。规模效率小于 1，均属于规模效益较差的，其规模报酬状态处于 IRS 或 DRS（见表 4 - 7）。如为 IRS，表示该事务所处于规模递增的状态，可适度扩大其经营规模，如增加 CPA 人数，尤其是有经验的 CPA，提高 CPA 的学历层次，增加会计师事务所的分所数量，努力做大做强自己，属于该类别的会计师事务所有：上海立信长江、信永中和、中审、北京京都、天职孜信、浙江天健、利安达信隆等 82 家，占决策单元集合的 82%。这些会计师事务所中绝大部分都是中国本土会计师事务所。

4.2.4.2　柯布—道格拉斯生产函数检验结果

根据表 4 - 8，模型（3）和模型（4）的调整 R2 分别为 0.9391 和 0.7562，F 值分别为 741.44 和 149.91，说明模型（3）和模型（4）整体高度显著。

表 4 - 8　　　　　　　柯布—道格拉斯生产函数检验结果

变量	模型（3）	模型（4）
lnA	0.9312 (0.2236) ***	0.9312 (0.2236) ***
lnL	0.3778 (0.0514) ***	0.0835 (0.0312) ***
lnK	0.7057 (0.0412) ***	

变量	模型 (3)	模型 (4)
LnK-lnL		0.7057 (0.0412) ***
Adj R-squared	0.9391	0.7562
F Value	741.44	149.91
Prob > F	< 0.0001	< 0.0001
Number of obs	97	97

　　注：由于上海仁德会计师事务所、东莞市德正会计师事务所和广东中诚安泰会计师事务所是新成立的事务所，因此样本只有 97 个。

　　另外，根据回归结果可发现 $\alpha + \beta - 1 = 0.0835$，且显著大于 0，因此，我们推断出 $\alpha + \beta > 1$，该结果表明我国会计师事务所处于规模报酬递增阶段。说明只要会计师事务所同时加大人力资本以及非人力资本投入，就能获得递增的规模报酬。

4.2.5　小结

　　本节运用 DEA 法，具体分析了中国排名前 100 家会计师事务所的运营效率，发现中国本土会计师事务所的规模效益尚没有得到充分的发挥。另外，柯布—道格拉斯生产函数的检验结果也表明我国会计师事务所处于规模报酬递增阶段。这些结果说明了中国本土会计师事务所的规模目前还很小，要想与国际会计师事务所竞争，就必须做大做强自己。

4.3

厦门天健会计师事务所规模化效应的案例分析

4.3.1　选择个案的依据

　　厦门天健会计师事务所的前身是厦门大学会计师事务所，是由厦门大学会计系老师成立的一家会计师事务所，他跟大部分中国本土会计师事务所一样，原来是挂靠在厦门大学会计系名下，先后历经了以下几个发展阶段。

（1）脱钩改制、自我积累、自我发展；

（2）合并本地的其他会计师事务所，开始扩充发展；

（3）设立分所，谋求更大的发展；

（4）与全国的其他家会计师事务所联合，成立"天健系"，号称是肩扛民族品牌大旗的中国本土会计师事务所；

（5）"天健系"瓦解，民族大旗暂时倒下；

（6）差点被德勤会计师事务所合并成为"假洋鬼子"，民族大旗差点变成洋旗；

（7）不断合并其他区域的大型会计师事务所，走强强联合的发展道路，肩扛民族大旗继续前行；

（8）到最后还是"晚节不保"成为致同国际会计师事务所的中国成员所，扛着洋旗上路了。

厦门天健会计师事务所经历了中国本土会计师事务所几乎所有重大的发展历程，具有中国本土会计师事务所的绝大多数特点，是中国本土会计师事务所规模化发展过程中的典型例子，故本文选择它作为分析中国本土会计师事务所规模化的典型案例。

4.3.2　厦门天健规模化效应的实施历程

厦门天健会计师事务所（原厦门大学会计师事务所）成立于 1988 年 10 月，主任会计师为常勋老师。1993 年 6 月经财政部和中国证监会批准，获得从事证券相关业务资格。1998 年 12 月厦门大学会计师事务所脱钩改制为厦门天健会计师事务所，主任会计师变更为黄世忠老师。2000 年 8 月 30 日厦门天健会计师事务所与厦门华天会计师事务所（前身为厦门会计师事务所）合并成为厦门天健华天会计师事务所，合并后的主任会计师继续为黄世忠老师，办公地点为福建省厦门市湖滨南路 57 号金源大厦 17 楼、

18 楼，厦门天健华天会计师事务所成立后，先后采用吸收合并，增设了"江苏分所"及"福州分所"。

在时任财政部副部长张佑才的主导下，2002 年 6 月，深圳天健信德、北京天健、浙江天健、厦门天健华天、重庆天健和辽宁天健，这六家带"天健"字样的会计师事务所成立了一个松散型的组织——天健集团，各方希望借此来加强合作，最终达到"统一执业标准、统一专业培训、统一质量控制，实现资源共享、优势互补、强强联合、共同发展"的目的。天健集团希望各成员所都能够恪守"独立、客观、公正"的执业准则，遵循"以质量求信誉，以信誉求发展"的行业宗旨，秉承"天行健，君子以自强不息"的企业精神，创造企业文化，树立企业品牌，追求卓越，力争一流，为打造中国注册会计师行业的民族品牌而不懈努力。

六家会计师事务所的首席合伙人组成了天健集团的最高权力机构——管理委员会，其成员分别是陈建明（北京天健）、胡少先（浙江天健）、黄世忠（厦门天健）、朱祺珩（深圳天健）、傅思福（重庆天健）和高凤元（辽宁天健）。天健集团总部设在北京，下设各种专门委员会，维持日常工作的是一个秘书处和两个工作小组。此外，六名管委会成员实行轮值主席制度，负责当年的相关会议等活动。天健集团的运作遵循"四统一，两独立"的原则，即统一品牌、统一标准、统一包装、统一报表和独立核算、独立承担民事法律责任。天健集团中实力最强的是北京天健，威望最高的是深圳天健的朱祺珩。令人惋惜的是厦门天健的黄世忠老师不久就将位置让给陈箭深，去厦门国家会计学院担任常务副院长，转向理论研究，实务界从而也少了一面旗帜。

在事实上，早在 1998 年，浙江天健、厦门天健和辽宁天健的前身们就已经开始进行一些合作，成立集团型会计师事务所的计划也提上了议事日程。但因为最终成立时间在 2002 年，所以此前的一些活动和会议一般被认为是筹备阶段。

中国注册会计师协会的统计数据显示，"天健系"的六家会计师事务所 2004 年收入总和超过 2.5 亿元人民币，远高于该年度本土会计师事务所排名第一位的立信长江会计师事务所的总收入 1.53 亿元。其中，北京天健的业务规模最大，2004 年度的总收入达到 7 067 万元，增长率高达 80%，其总收入在注册会计师行业中排名第 13 位；其次是浙江天健，总收入为 6 366 万元，排名第 16 位。此外，厦门天健、重庆天健、深圳天健和辽宁天健分别排在第 55 位、第 58 位、第 63 位和第 91 位。

2004 年 7 月，在天健集团的第三届第二次扩大会议上，审议通过了把香港何锡麟会计师行作为天健集团成员所的事项，也即香港天健的加入。何锡麟会计师行当时员工达 80 余人，其中具有专业资格的员工达 40 余人，包括香港注册会计师、英国特许管理会计师及特许公认会计师、中国注册会计师、美国注册会计师、澳洲注册会计师、香港公司秘书工会会员。在过去的这一段时间，何锡麟会计师行在天健集团内部亦被称为香港天健。这样，天健集团终于轰轰烈烈地建立起来了。

但是好景不长，2005 年 3 月 19 日，天健集团的龙头老大北京天健，竟然首先退出天健集团，投向了德勤会计师事务所的怀抱，2005 年 6 月 1 日，北京天健全面并入德勤会计师事务所。据说北京天健与德勤的此次合并其实确有隐情。北京天健原来的大客户民生银行改聘普华永道，就是因为证监会要求企业在中国 A 股上市或上市公司再融资必须由国外知名会计师事务所审计。丢失了大客户，对北京天健来说是一件非常痛苦的事情。虽然现在仍有交通银行的业务，但是依然存在丢失大客户的可能性。为了留住这些大客户，北京天健只得选择并入德勤。德勤会计师事务所方面也表示，此次合并还只是合并的第一步，天健集团的其他六家，如深圳天健、浙江天健、厦门天健等，将会是他们下一步要合并的目标。

继北京天健后，深圳天健也和德勤喝下了交杯酒。2005 年 8 月 4 日，一个不为过多外人知晓的合并协议正式签署，"天健系"旗下的深圳天健正式合并进入德勤。德勤中国首席执行官鲍毅表示："这次合并，将使我们在中国的实力得到进一步提升，进一步巩固我们在中国审计、咨询等领域的领先地位。与深圳天健整合后，德勤深圳分所将成为深圳最大的会计师事务所。"合并后，其创始人朱祺珩将出任德勤中国副主席和深圳事务所的主管合伙人。

之后德勤会计师事务所合并中国最大会计师事务所"天健系"的计划遇到了一点麻烦，因为"天健系"中实力排名第二的浙江天健似乎不愿意投入德勤事务所的怀抱。浙江天健有这样的想法也在情理之中，2004 年，在全国具有证券从业资格的会计师事务所中，按承接的上市公司数量排名，浙江天健排名第二。实力雄厚的浙江天健不愿意投入有外资背景的德勤，另一个可能的原因或许是由于德勤事务所在科龙审计上遭到业内的质疑。

2005 年 7 月 28 日，信永中和会计师事务所在北京宣布，完成对香港何锡麟会计师行的吸收合并，成为国内第一家将业务实质性拓展到香港地区的内地会计师事务所。合并双方选择了在北京人民大会堂高调亮相，中国注册会计师协会秘书长表示，这是"内地会计师事务所国际化发展的一次实质性的跨越"。合并后，香港何锡麟会计师行将变更为信永中和（香港）会计师事务所，就这样香港天健也离开了天健集团。

而厦门天健没有被德勤事务所合并，更具戏剧性，据说，德勤因为"科龙门"事件而火烧屁股，相关部门处罚德勤在三年内不能开设分支机构，厦门天健从而免于被并；无奈之下，厦门天健只好另谋出路。据说其和 BDO（德豪国际）会计师事务所还有过一段接触，但是最终也不了了之。或许是中国古老的"宁为鸡头，不做凤尾"思想作祟，也许是不当"洋奴"高贵的民族气节的伟大作用，更也许是目前没能卖到一个好价钱心有不甘，最后，厦门天健选择了合并他人，走自己发展壮大的道路。

事实上厦门天健和德勤事务所有过很长时间的实质性接触，但是由于德勤事务所的"科龙门"事件，其谈判只能告终，德勤在中国的吞并之旅也只能告一段落。之后通过多方的接触，厦门天健终于找到了自己的归宿。2006 年 11 月厦门天健华天会计师事务所与华证会计师事务所、北京中洲光华会计师事务所合并成立天健华证中洲（北京）会计师事务所，合并后的主任会计师为陈箭深（原来厦门天健的主任会计师）。2007 年 6 月邀请香港德扬会计师事务所加盟，使之成为香港分所，进而取得了港股、H 股和红筹股企业的审计资格。2008 年 7 月天健华证中洲（北京）会计师事务所更名为天健光华（北京）会计师事务所。2008 年 11 月天健光华

（北京）会计师事务所吸收合并重庆天健会计师事务所。2009 年 9 月 28 日，天健光华（北京）会计师事务所有限公司与中和正信会计师事务所有限公司（除分立加入信永中和的业务部、分支机构外）经友好协商和双方股东大会批准实施合并，同时将事务所更名为"天健正信会计师事务所有限公司"，管理总部设在北京东城区北三环东路 36 号环球贸易中心 A 座 22 层，合并后的董事长为原来厦门天健会计师事务所的首席合伙人陈箭深。

陈箭深，男，1960 年出生于江苏省南京市，无党派代表人士，毕业于厦门大学，博士、副教授、高级会计师、注册会计师，美国南加州大学高级访问学者（1997～1998 年），原任厦门天健华天会计师事务所有限责任公司董事长、首席合伙人，现任天健正信会计师事务所有限公司董事长、首席合伙人。第十届、第十一届全国政协委员，现任中国注册会计师协会常务理事及审计准则委员会、专业技术委员会、专家咨询委员会委员，并任财政部会计准则委员会咨询专家、中国证监会重组专家咨询委员会委员、中国证券业协会财务会计委员会副主任委员、中国会计学会理事兼审计专委会副主任委员、《会计研究》编委以及厦门大学管理学院、东北财经大学会计学院和厦门国家会计学院客座教授，曾三届连任中国证监会重大并购与重组审核委员会委员，并于 2000～2002 年担任国际审计准则委员会（IAPC）首位中国委员（该委员会委员全球共 14 名），是同时活跃在会计、审计实务界和学术界，被广泛认可的业内资深专家和代表性人物，具有较高理论水平和丰富实践经验，信誉良好。

2012 年 1 月 5 日，京都天华会计师事务所有限公司与天健正信会计师事务所合并。合并后的首席合伙人为原来京都天华事务所的徐华，陈箭深为致同会计师事务所合伙人管理委员会主席。2012 年 5 月，原京都天华会计师事务所有限公司决定更名为"致同会计师事务所（特殊普通合伙）"，并于 2012 年 6 月 18 日正式启用公司新名称。

其实早在 2009 年 10 月，原来的京都天华事务所就加入了国际事务所——均富国际（Grant Thornton International），成为其在中国唯一的成员所。均富国际起源于 1924 年美国芝加哥成立的一家会计师事务所，其成员所遍及全球在 110 个国家和地区，凭借由逾 2 500 名合伙人和 30 000 名员工组成的专业服务网络，可以为全球各地的客户提供无缝连接的个性化服务。2010 年 Grant Thornton 国际的全球收入达到 37 亿美元，其中审计收入达 17 亿美元。2012 年 6 月，均富国际也因此启用新中文名称"致同国际"。最终厦门天健也没能走自我发展壮大之路，坚持了几年后，还是成为国际会计师事务所在中国的成员所。

4.3.3 厦门天健发展的规模化效应分析

2012 年合并后的致同会计师事务所（特殊普通合伙）在北京、厦门、长春、上海、太原、广州、深圳、成都、南京、杭州、福州、大连、哈尔滨、海口、武汉、长沙、南宁、青岛、宁波、苏州、温州、昆明、洛阳、西安、香港等地都拥有分所，遍布华北、华东、华南和西部地区。布局合理、分布广泛的服务网点，为给不同地区和领域的客户进行便捷、高效、优质的专业服务提供了强有力的支持。

合并后的致同会计师事务所拥有 220 多位合伙人，这些合伙人中有国内知名高校的学者、教授，也有曾著作或翻译诸多专业书籍的人士，还有曾在国外会计和资产评估行业著名公司担任高管的资深专家。部分合伙人任职于中国注册会计师协会常务理事会、审计准则委员会等多个专业委员会；有的合伙人在财政部会计准则委员会、中国证监会发审委、中国证券监督委员会创业板发审委等组织中担任委员；还有的合伙人曾在国务院派出国有企业监事会等机构中任职。

致同会计师事务所成立于 1981 年，是中国最早的会计师事务所之一，也是致同国际（Grant Thornton International Ltd，GTIL）在中国的唯一成员所，主要提供审计、税务、咨询等服务。包括香港地区在内，致同会计师事务所在全国共有 24 家办公室，超过 5 000 名员工。其中，注册会计师有 1 000 余人。员工平均年龄才 29 岁，98% 以上的员工拥有大学本科或以上学历。所有的员工均受过良好的会计、审计专业培训，对国际会计准则和国际会计惯例有深刻的理解，大部分员工能熟练地应用外语。另外还拥有一批曾在国际"四大"会计师事务所服务多年的资深专业人士，为推进国际化发展进程提供了有力的专业支持。

致同会计师事务所凭借丰富的国际资源及业务经验，为其客户提供服务。致同会计师事务所的客户群十分广泛，包括 200 余家上市公司及 3 000 余家大型国有、外资和民营企业。致同会计师事务所是首批获得从事证券期货相关业务资格、特大型国有企业审计业务资格及金融审计资格的会计师事务所之一，也是 12 家获得 H 股企业审计资格的会计师事务所之一，致同会计师事务所亦是少数在美国 PCAOB 登记的中国会计师事务所之一。其发展历程如下：

1981 年，北京会计师事务所成立；

1992 年，京都会计师事务所成立；

1998 年，两家会计师事务所合并改制为北京京都会计师事务所；

2008 年，与天华会计师事务所合并为京都天华会计师事务所；

2009 年，加入 Grant Thornton International Ltd，成为其中国唯一成员所；

2010 年，香港办公室成立；

2011 年，吸收合并天健正信会计师事务所；

2012 年，正式更名为致同会计师事务所。

合并后的致同会计师事务所在业务规模、专业人才、服务网络、服务质量、综合实力等方面都已达到会计师事务所领先的水平，其具有证券期货从业资格、国有大型企业审计业务资格、金融相关审计业务资格、企业破产案件管理人资格、资产评估和土地评估、工程造价咨询等执业资格。具体服务范围如下：

（1）审计及其他鉴证业务，包括股份制改组与上市的审计、验资、盈利预测审核、内部控制评价、企业清算会计报表审计、经济责任审计、清产核资审计、对舞弊或差错的特种调查、参与调解经济纠纷、协助鉴别经济案件证据、商定程序及其他各种特定目的审计。

（2）咨询，包括独立财务顾问报告、公司财务顾问、投资专业咨询、实施审慎性调查、企业风险评估、项目可行性研究和项目评价、企业发展规划、财务管理咨询、绩效评估、考核咨询、提供并购或重组所涉及税务、财务、会计问题的解决方案、帮助寻找和筛选目标企业、专业培训服务。

（3）税务，包括企业纳税筹划、纳税合规性审查及其他专项税务调查、与并购有关的税务咨询、与资产重组有关的税务咨询、税务代理服务。

（4）资产评估，包括企业股份制改组与上市或公司化改组、以非货币性资产对外投资、资产转让、置换、拍卖、企业合并、分立、联营、出售、清算、企业租赁、资产抵押及其他担保、收购、债务重组、土地估价、注册房地产估价、法律、行政法规规定的其他需要进行资产评估的事项。

（5）工程造价咨询，包括工程概算、预算、结算、决算、标底的编制和审核、项目建议书、可行性研究报告及投资估算的编制、项目全阶段工程造价监控及工程索赔业务服务、招标代理。

合并后的致同会计师事务所综合排名在国内前10位，审计的上市公司数量在全国40多家具有证券资格的会计师事务所中连续三年排名前5位，IPO过会家数全国第3位。致同会计师事务所已经为上千家企业提供了会计、审计、验资、评估、管理咨询和其他咨询服务，客户遍布全国各地，涉及的行业有能源、交通运输、石油、化工、冶金、机械、矿业、电子、建筑及工程建设业、农业、林业、养殖业以及金融、证券、保险、设计等行业，积累了丰富的执业经验。

致同国际是一个国际性组织，由全球各地独立提供审计、税务及咨询服务的成员所组成，遍及全球超过130个国家的逾50 000名致同员工为客户、同行及社会的发展提供服务，致力于助其释放增长潜能。

从表4-9中可以清楚地看出，合并后的注册会计师人均收入都比参与合并的会计师事务所合并前注册会计师人均收入的加权平均有明显的增加。例如，2007年合并重庆天健会计师事务所前，两家参与合并会计师事务所的注册会计师人均收入加权平均为58.05万元，合并后的天健光华会计师事务所的注册会计师人均收入为59.56万元，注册会计师人均收入增加了1.51万元。再如2008年合并中和正信会计师事务所前，两家参与合并会计师事务所的注册会计师人均收入加权平均为52.43万元，合并后的天健正信会计师事务所的注册会计师人均收入为55.21万元，注册会计师人均收入增加了2.78万元。再如，2010年天健正信会计师事务所和京都天华会计师事务所合并前，两家参与合并的会计师事务所的注册会计师人均收入加权平均值为 61.79 万元，合并后的致同会计师事务所的注册会计师人均收入为 83.85 万元，注册会计师人均收入增加了 22.06 万元，合并的规模效应比较明显。

表 4 – 9　　　　　厦门天健及被合并事务所各年收入详情

年度	事务所名称	收入金额（万元）	CPA 数（人）	人均收入（万元）	排名
1999	厦门天健会计师事务所	1 485.29	42	35.36	33
1999	厦门华天会计师事务所	876.00	27	32.44	77
2002	厦门天健华天会计师事务所	2 537.37	76	33.39	54
2002	华证会计师事务所	1 803.43	80	22.54	80
2002	北京中洲光华会计师事务所	2 700.77	117	23.08	45
2003	厦门天健华天会计师事务所	2 629.00	83	31.67	61
2003	华证会计师事务所	2 823.00	102	27.68	54
2003	北京中洲光华会计师事务所	3 035.00	145	20.93	48
2004	厦门天健华天会计师事务所	3 248.00	84	38.66	55
2004	华证会计师事务所	4 035.00	113	35.71	35
2004	北京中洲光华会计师事务所	3 130.00	89	35.17	60
2005	天健华证中洲会计师事务所	11 054.00	289	38.25	12
2005	中和正信会计师事务所	8 979.00	295	30.44	16
2005	重庆天健会计师事务所	3 507.00	90	38.97	59
2006	天健华证中洲会计师事务所	11 056.00	294	37.61	15
2006	中和正信会计师事务所	10 854.00	316	34.35	14
2006	重庆天健会计师事务所	3 759.00	92	40.86	59
2007	天健华证中洲会计师事务所	15 995.00	269	59.46	16
2007	中和正信会计师事务所	14 687.00	379	38.75	15
2007	重庆天健会计师事务所	5 310.00	98	54.18	51
2008	天健光华会计师事务所	23 944.00	402	59.56	12
2008	中和正信会计师事务所	19 675.00	430	45.76	15
2009	天健正信会计师事务所	38 758.00	702	55.21	13
2010	天健正信会计师事务所	44 226.20	795	55.63	14

续表

年度	事务所名称	收入金额（万元）	CPA数（人）	人均收入（万元）	排名
2010	京都天华会计师事务所	34 679.00	482	71.95	16
2011	致同会计师事务所	58 781.37	701	83.85	13
2012	致同会计师事务所	74 612.89	724	103.06	12
2013	致同会计师事务所	79 582.96	744	106.97	12
2014	致同会计师事务所	115 398.77	831	138.87	11
2015	致同会计师事务所	152 857.42	949	161.07	10

资料来源：中国注册会计师协会网站（http://www.cicpa.org.cn/），2002～2016年度事务所前百强信息，2017年5月。

注：发布排行榜是国外会计媒体或协会的惯例做法，美国、英国等都常见，也有会计媒体发布国际会计公司排行榜。1999年中国注册会计师协会曾经短暂发布了中国会计师事务所排行榜。2002年3月，《21世纪经济报道》仅根据中国会计视野网站统计的上市公司审计收费数据发布了"2002会计师事务所中国排行榜"并引起中注协的关注和随后的澄清。此后中国注册会计师协会开始公布排行榜。不同年份的排行计算方法和称呼是：2002年度，中国大陆会计师事务所业务收入排行榜；2003年度，会计师事务所全国前百强排行榜；2005年度，会计师事务所全国百家信息（实际是根据2004年的业务收入）；2006年度，会计师事务所综合评价前百家信息（首次采用综合评价。其中除了考虑事务所2005年业务收入、注册会计师人数等体现事务所规模方面的指标，同时特别关注事务所执业质量和专业建设等方面的情况，进一步把注册会计师完成继续教育的情况、领军人才培养的情况以及受到行政处罚和行业惩戒等情况列为重要的评价因素，形成了包括事务所业务收入、注册会计师人数、培训完成率、领军人才后备人选人数、受到处罚和惩戒情况等因素在内的综合评价指标。）2007年度，会计师事务所综合评价前百家信息（第二次采用综合评价指标，在2006年总收入、注册会计师人数、培训完成率、行业领军人才后备人选人数、处罚和惩戒情况等五项指标之外，为了更多地披露事务所信息，新增加了分所数量和从业人员人数两项指标，作为综合评价的辅助信息，信息更加丰富，指标更加完整。）

会计师事务所规模衡量的重要指标之一就是会计师事务所的业务收入，在通常情况下，会计师事务所的业务收入是最能够反映会计师事务所的规模。业务收入的多少大体能够体现会计师事务所的业务承接能力和业务完成能力的，而且会计师事务所业务收入越多，会计师事务所分散风险和承担风险的能力也就越强。因此，在正常情况下，会计师事务所的业务收入规模是反映会计师事务所规模的最恰当指标，这也是为什么国际权威机构始终把会计师事务所的业务收入作为国际大型会计公司排名标准的原因。2001～2009年全国注册会计师数及事务所数量、行业总收入如表4-10所示。

表 4 - 10 　　　　　　 2001 ~ 2009 年全国注册会计师数及事务所数量

年度	行业总收入 （万元）	CPA 数量 （人）	事务所数 （家）	人均收入 （万元）	所均收入 （万元）
2002	1 100 000	56 940	4 402	19. 32	249. 89
2003	1 270 000	61 255	4 779	20. 73	265. 75
2004	1 540 000	65 385	5 405	23. 55	284. 92
2005	1 830 000	69 283	5 355	26. 41	341. 74
2006	2 210 000	72 048	6 458	30. 67	342. 21
2007	2 790 000	77 345	7 012	36. 07	397. 89
2008	3 100 000	85 855	7 284	36. 11	425. 59
2009	3 170 000	91 149	7 605	34. 78	416. 83
2010	3 750 000	96 498	7 785	38. 86	481. 70
2011	4 360 000	98 674	8 066	44. 19	540. 54
2012	5 100 000	99 085	8 128	51. 47	627. 46
2013	5 550 000	98 707	8 209	56. 23	669. 08
2014	5 890 000	99 045	8 295	59. 47	710. 07
2015	6 897 000	100 601	8 374	68. 56	823. 62

资料来源：中国注册会计师协会网站（http://www.cicpa.org.cn/），2002 ~ 2016 年度事务所前百强信息，2017 年 5 月。

如表 4 - 11 所示，在中国注册会计师协会公布的会计师事务所前百强信息中可以看出，厦门天健会计师事务所随着合并的进程，收入规模在逐年快速增加。

表 4 - 11 　　　　　　 厦门天健合并后的各年收入增长情况

年度	事务所名称	收入金额 （万元）	CPA 数 （人）	人均收入 （万元）	排名
1999	厦门天健会计师事务所	1 485. 29	42	35. 36	33
2002	厦门天健华天会计师事务所	2 537. 37	76	33. 39	54
2003	厦门天健华天会计师事务所	2 629. 00	83	31. 67	61
2004	厦门天健华天会计师事务所	3 248. 00	84	38. 66	55
2005	天健华证中洲会计师事务所	11 054. 00	289	38. 25	12
2006	天健华证中洲会计师事务所	11 056. 00	294	37. 61	15
2007	天健华证中洲会计师事务所	15 995. 00	269	59. 46	16
2008	天健光华会计师事务所	23 944. 00	402	59. 56	12
2009	天健正信会计师事务所	38 758. 00	702	55. 21	13

续表

年度	事务所名称	收入金额 （万元）	CPA 数 （人）	人均收入 （万元）	排名
2010	天健正信会计师事务所	44 226.20	795	55.63	14
2011	致同会计师事务所	58 781.37	701	83.85	13
2012	致同会计师事务所	74 612.89	724	103.06	12
2013	致同会计师事务所	79 582.96	744	106.97	12
2014	致同会计师事务所	115 398.77	831	138.87	11
2015	致同会计师事务所	152 857.42	949	161.07	10

资料来源：中国注册会计师协会网站（http：//www.cicpa.org.cn/），2002～2016 年度事务所前百强信息，2017 年 5 月。

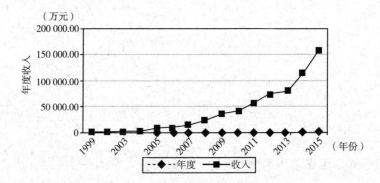

图 4 - 3　厦门天健合并后的各年收入增长变动

资料来源：中国注册会计师协会网站（http：//www.cicpa.org.cn/），2002～2016 年度事务所前百强信息，2017 年 5 月。

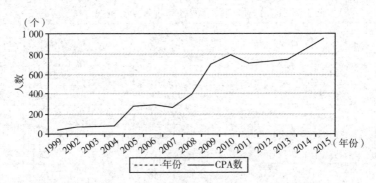

图 4 - 4　厦门天健 CPA 人数变动

资料来源：中国注册会计师协会网站（http：//www.cicpa.org.cn/），2002～2016 年度事务所前百强信息，2017 年 5 月。

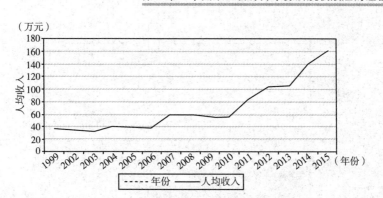

图 4 - 5　厦门天健 CPA 人均收入变动

资料来源：中国注册会计师协会网站（http：//www.cicpa.org.cn/），2002 ~ 2016 年度事务所前百强信息，2017 年 5 月。

从表 4 - 11 及图 4 - 3、图 4 - 4、图 4 - 5 中我们可以看出，通过合并厦门天健会计师事务所收入规模迅速增长起来，从 1999 年的不到 1 500 万元增加到 2015 年的 15.29 亿元，增加了 101.93 倍；注册会计师人数从 1999 年的 42 人增加到了 2015 年的 949 人，增加了 22.56 倍。年收入增加比注册会计师人数增加多了近 80 倍，会计师事务所的业务收入增加的幅度远远大于注册会计师人员增加的幅度，注册会计师的人均收入也呈现出明显的上升趋势。如果扣除注册会计师人均市场份额的变化后，厦门天健事务所注册会计师的人均收入的增加依然很明显。因为近几年中国执业注册会计师的人数迅速增加，其增加速度和注册会计师行业总收入的增加速度比较相近，全中国平均每个注册会计师的人均收入是呈现平稳上升的趋势，具体如图 4 - 6 ~ 图 4 - 8 所示。

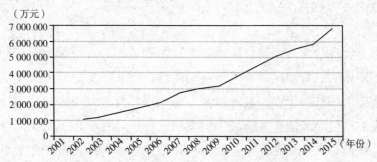

图 4 - 6　注册会计师行业年度总收入变动

资料来源：中国注册会计师协会网站（http：//www.cicpa.org.cn/），2002 ~ 2016 年度事务所前百强信息，2017 年 5 月。

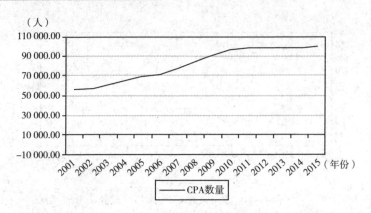

图 4 – 7　注册会计师人数变动

　　资料来源：中国注册会计师协会网站（http：//www. cicpa. org. cn/），2002～2016 年度事务所前百强信息，2017 年 5 月。

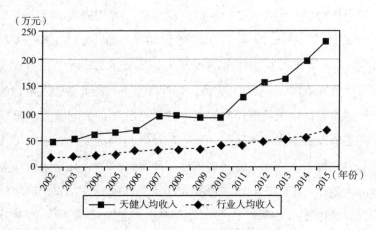

图 4 – 8　注册会计师人均收入变动

　　资料来源：中国注册会计师协会网站（http：//www. cicpa. org. cn/），2002～2016 年度事务所前百强信息，2017 年 5 月。

　　综上所述，厦门天健会计师事务所在这几年合并过程当中，随着规模的不断增加，其规模报酬处于递增阶段，收益增加的幅度大于规模增加的幅度，即其效率在不断地提高，呈现出明显的规模效应。目前，规模化发展是厦门天健事务所较优的发展选择。会计师事务所作为服务性的特殊企业，其规模的大小通常体现在注册资本、注册会计师数量、业务收入、市场份额、分所数量及分布地区的广度等指标上。任何经济组织规模化的内在动力是一定程度、一定范围内规模经济的存在。规模大的会计师事务所更能化解市场风险，更有能力迎接和承受来自国内外同行的竞争和挑战。

　　因此，我们不管是从对中国目前的审计市场结构的研究，还是从经验数据的分析研究，或者是从现实会计师事务所合并案例的研究分析，我们都可以得出这样的一个结论：目前中国本土会计师事务所正处于规模效应递增阶段，规模化发展是符合目前中国本土会计师事务所的利益，我们应该加大力度推动中国本土会计师事务所做大做强。

第 5 章

对中国本土会计师事务所规模化 发展的思路与建议

从上面的分析我们可以得出，我们中国本土会计师事务所走规模化发展的道路是客观必然的要求，但是，我们中国本土会计师事务所应该选择什么样的方式进行规模化，在规模化的过程中我们又应该重点关注哪些方面的问题？根据前面四章的研究分析，我们提出如下的针对性建议。

5.1

国家政策层面

5.1.1 培育寡占型审计市场结构

会计师事务所规模化具有经济效益，但当前中国会计师事务所普遍存在规模太小、竞争过度以及审计市场结构不合理的问题，因此，当前必须努力扩大会计师事务所的规模，优化审计市场结构，建立寡占型审计市场。

5.1.1.1 培育寡占型审计市场的合理性

寡占是指市场上只有几个提供相似或相同产品的卖者。基于上市公司审计这种"产品"的特殊性和无差别性，我们认为构造寡占型的审计市场结构是十分必要的，主要理由是：（1）可以冲淡审计活动的地域色彩，减少来自当地政府的行政干预和当地企业的牵制。（2）可以据此形成若干家大型会计师事务所，增强其保持独立性的实力并实现规模经济效应。（3）有利于保持审计业务的连续性，从而可以通过更准确地评价和控制客户的审计风险来提高以后的审计质量，通过利用以前年度审计工作底稿，简化重复性的审计程序，提高搜集和鉴别审计证据的效率，来降低以后年度的审计成本，增加会计师事务所的利润。这样就可避免会计师事务所因为未来审计命运的不确定性而出现的短期行为及对审计质量的损害问题，即不愿意投入必要的审计人力和财力。

在美国，审计行业被认为具备典型的垄断或者寡头垄断的特征（班多帕德凯、考，2001）。但是在中国，无论从审计市场的集中度看，还是从收费水平、人均劳动生产率、利润率看，中国的审计市场还是一个竞争性的市场。余玉苗（2001）对审计沪深两地截至2000年4月份总共944家A股上市公司1999年报的会计师事务所情况进行了统计，结果显示上市公司客户最多的前10家会计师事务所（"十大"）的市场占有率只有31.8%，前20家会计师事务所的市场占有率也不到51%。因而，他认为中国上市公司注册会计师审计市场集中度偏低。同时，他提出有必要在中国构造"寡占型"的上市公司审计市场结构。

会计师事务所一方面作为追求自身利益最大化的"经济人"，其规模化行为有着重要的内在动因，即提高经营效率或获取垄断能力；另一方面，会计师事务所具有"社会公信力重于盈利"的特殊性质，审计需求和价格无弹性及审计产品是一种信誉产品的特殊性，决定了有效的审计市场结构必然是寡占型的市场结构。而当前中国的审计市场存在着过度竞争，这一过度价格竞争已经导致各会计师事务所审计收费和平均利润率普遍低下。因此，培育中国寡头垄断型的审计市场结构，提高审计质量，增强事务所的竞争力，中国的本土会计师事务所有必要走规模化发展的道路。

5.1.1.2 合并是形成寡占型审计市场的重要方式

由于审计市场中对审计服务的需求是高度无弹性的，而且审计市场又具有充分的竞争性，与此同时，审计产品是一种必不可少的信誉产品，因此，有效的审计市场结构应该是寡占型。

审计行业的特殊性决定了其不能像普通服务行业那样依靠价格竞争来达到社会福利的最大化，因此，有效的审计市场结构应是寡占型。而寡占型的市场结构要求市场中有少数规模较大的会计师事务所，因而，会计师事务所应该通过自我积累或合并等方式来扩大规模。合并是一种相对简单而迅速地对外扩张方式，国际四大会计师事务所的发展过程便是最好的例证。

在寡占型的审计市场中，尽管竞争主体的数量大大减少，但是却并不会扼杀竞争，大规模会计师事务所的存在也并不意味消灭了数量众多的小型会计师事务所，相反，有效的市场结构是一种大规模会计师事务所与小规模会计师事务所分层竞争的市场结构，但是大规模会计师事务所的市场份额大大高于小规模会计师事务所，因而是一种寡占型的竞争格局。

寡占并非完全垄断，而只是提升了竞争的层次和水平，即几家"寡头"式会计师事务所之间在审计质量、服务效率和服务深度上进行竞争。美国司法部反托拉斯经济分析组（Economic Analysis Group，EAG）的经济学家 Mary 对 1985~1997 年这 12 年间美国的 1978 家上市公司的外部审计师进行了统计分析，作出了题为《八大会计师事务所合并对审计服务市场的影响》的讨论稿。其研究结果表明，1989 年四家会计师事务所的合并使得后来的六大会计师事务所对大客户审计的边际成本下降，同时由于合并后各大会计师事务所在实力上更加旗鼓相当，相互间的竞争性反而加强了，因此没有证据表明这次合并是反竞争的。美国审计学家斯缪尼克（Simunic）等人进行的实证分析也已表明，高度"寡占"性的美国审计市场仍具有充分的竞争性。通过合并方式培育寡占型的市场结构，这对于提高中国注册会计师的独立性、会计师事务所盈利能力以及审计质量将大有益处，这无疑也有利于我们国家在扩大开放会计服务市场后，增强本土会计师事务所与国际会计公司在国内外市场上进行激烈竞争、求得生存和发展的能力。

5.1.2　建立以质量管制为中心的管制制度

注册会计师行业的发展需要有良好的宏观政策环境的支持。目前我们应该采用何种管制模式，才能更有利于注册会计师行业的发展壮大，有利于充分发挥会计师事务所规模化的效益？借鉴国外政府对注册会计师行业的管理模式，并结合中国注册会计师行业的具体情况进行深入的分析，当前有效的政府管制模式应采用混合管理模式，政府管制应当以质量管制为中心。

加强对会计师事务所和注册会计师的监管，使其进出行业具有较高成本；健全审计职业规范体系，对审计质量提出严格要求，完善关于投资者诉讼的法律体系，使投资者能够对其被侵权利进行追索，从而使审计质量真正受到事务所的关注，使审计收费在高质量的前提下实现合理化，摆脱目前无序低价竞争的状态。

5.1.2.1　以质量管制为中心

注册会计师行业管制模式包括自律管制、政府管制与独立管制三种具有代表性的模式。安然事件等一系列会计造假案引起的"信用危机"已经导致美国自律管制模式的终结和独立管制模式的开始。在中国，注册会计师行业管理体制一直是以政府管制为主导的模式。然而，当前中国政府对审计市场存在着过度管制，政府不仅对审计收费做出规定，而且还规定了从事证券相关业务所应该具备的资格，即"许可证管理"制度。由于政府相关部门并不具有相关专业知识，又存在信息不对称，导致政府部门制定的收费标准过低，会计师事务所不得不进行价格竞争，结果大多数公司支付给会计师事务所的审计费用往往集中于最低审计收费标准范围内。价格竞争严重损害了注册会计师的独立性，审计收费较低也使得审计质量不高，同时政府过分管制使得会计师事务所之间也无法依据自身发展战略需要自由进行合并重组，阻碍了会计师事务所的规模化发展。

因此，中国对会计师事务所未来的管理模式应该朝着政府与市场力量相结合的方向变迁，从政府强制性管理的制度转变为市场性、诱致性的制度变迁。其中，政府的管制重点应转移到对规模化后会计师事务所质量管制的轨道上来，对会计师事务所间的并购重组行为不进行直接的行政干预，鼓励会计师事务所依据市场运作规则，扩大规模，提高经济实力。

政府部门可以通过制定独立审计准则规范和引导审计实务，达到提高审计质量的目的。审计准则的作用在于为注册会计师提供专业指南，同时也为监督注册会计师提供依据。财政部颁发的独立审计准则在权威性与法律效力方面是最高的。更为重要的是，独立审计准则为审计质量提供了保障，使得中国会计师事务所在规模化发展的同时，能提供高质量的审计服务。李树华的研究以会计师事务所出具的非标准无保留意见的比例为衡量独立性的替代指标，发现1996年1月1日首批独立审计准则的实施大大提高了注册会计师的独立性，会计师事务所出具的非标准无保留意见的比例从1%骤然上升至9%，这为独立审计准则的保障作用提供了经验证据，从而也说明了政府对会计师事务所的审计质量进行管制是可行的，建立以质量管制为中心的政府管制，为会计师事务所规模化发展提供了有利的环境支持。

5.1.2.2　强化法制约束多管齐下

（1）继续加强中国证券监督管理委员会（以下简称"证监会"）对证券审计市场的监管，强化法律的公共执行机制。证监会是《证券法》的执行机构，是维护证券市场秩序的重要力量。除了维持证监会现有的监管手段外，加强证监会的监管还应强调证监会本身通过法律诉讼对证券市场的违规行为进行制裁。根据 Lys and Whtts（1994）的考察，美国审计市场对注册会计师提起诉讼的主体除了投资者外，证券交易委员会（SEC）也是起诉主体之一。证监会作为证券监督管理机构，具有对违规注册会计师进行调查的权力，证监会相较于投资者更容易取得相关证据，如果在此基础上能进一步通过诉讼来强化对注册会计师的约束，无疑更容易取得成效。同时，作为证券市场的监管机构，证监会也应该为监管不力或监管失当承担责任。应当形成一种机制，保护利益相关者对证监会监管不当提起行政诉讼或法律诉讼的权利。

（2）降低投资者起诉注册会计师的门槛，调动投资者通过民事诉讼对注册会计师进行监督的积极性，使得对注册会计师的法律约束刚性化。中国现有的制度安排规定了投资者起诉注册会计师的前置条件，实际上是将证监会的公共执行机制前置于投资者的私人执行机制，不利于两种机制同时对注册会计师进行监督。根据 LaPorta 等（2006）的考察，投资者通过对注册会计师进行民事诉讼的方式实施的私人法律执行机制同样是非常重要的，其效果甚至超过证券监管机构的公共执行机制。彭明真（2006）指出，众多投资者进行监督的效率要高于监管机构监督的效率。而投资者私人执行机制的关键在于适当降低诉讼门槛，合理确定投资者和注册会计师的举证责任。由于审计的专业性特点，投资者要证明注册会计师的过错对其投资损失的因果关系有较大的困难，因此，最合理的方式是让注册会计师自行证明其本身没有过错，实行"过错推定"的举证原则。

（3）改进司法系统的执法意愿和能力。根据拉波尔塔等（1998）对法律制度的分析，法律制度包括法律的内容（即立法）和法律的执行两个方面，法律的执行尤其重要，立法的内容再周全，如果不能付诸实施，则不过是一纸空文。因此，法制建设不仅仅在于明确注册会计师的法律责任和投资者的权力，更重要的是这种权力和责任要能够通过司法有效地加以落实。实际上，《注册会计师法》和《证券法》早就对中国注册会计师的法律责任进行了明确的规定，但中国的司法系统在执法意愿方面存在不足，导致其无法得到落实。这也与施莱佛、维什尼（1997）指出的法庭有时不愿意参与经济事务的裁决是一致的。直到最高人民法院在 2001 年发布《关于受理证券市场因虚假陈述引发的民事侵权纠纷案件有关问题的通知》后，才为上述法律的落实提供了一定的条件。但该通知规定的诉讼前置条件仍然反映了司法系统管理这类经济纠纷意愿的不足，投资者的法律保护还有待于进一步深化。实际上，中国是一个中央集权的国家，各地区适用的法律是相同的，但各地区在执法有效性方面却存在着差异（辛宇、徐莉萍，2007）。这说明继续改进执法有效性对于会计师事务所提高审计质量具有较广阔的空间。

5.1.3 培养国际化人才

人的"智力"资源是会计师事务所最重要的资源。随着中国会计师事务所的规模化发展，必定有一部分优秀的会计师事务所冲出国门，在国际舞台上与国际"四大"会计师事务所同台竞争，这就要求我们要加快国际化人才的培养，即必须培养一批具有国际视野、熟知国际规则、掌握跨国执业技能和沟通能力的管理人才和技术专才。同时，会计师事务所要在国际上拓展自身的业务，也同样要有国际化人才的充分保证才能实现。

但从当前情况看，行业人才素质参差不齐的问题依然比较突出，离参与国际竞争的要求还有一定的距离。如果不能在较短的时间内解决这个问题，那么我们就有可能在与国际同行的市场较量中失去主动权，就会错失注册会计师行业发展的战略机遇。与此同时，在中国会计市场开放的情况下，国内会计师事务所正面临越来越激烈的国际竞争压力。发展国内会计师事务所，打造中国会计师事务所的民族品牌，除了改革完善市场开放体制、创造公平的竞争环境外，也需加快行业人才培养步伐，提升素质，增强实力，在市场竞争中取得优势。这要求我们必须树立"人才国际化"的观念，按照参与国际竞争的标准来培养人才，使我们的人才不仅能在国内大展宏图，而且也能在国际舞台上一展风采。

为了培养国际化人才，首先，我们要办好会计专业的高等教育。目前，中国很多所高校都有会计专业，有望有计划地培养和造就出大批中国的会计博士生、硕士生，以不断发展壮大中国注册会计师队伍，并为参与国际竞争输送新鲜血液。其次，全面启动再教育工程，加强对现职人员的后续教育，不断完善会计专业技术资格考试、会计证管理、中国注册会计师考试等配套措施。尽可能改革各高校会计专业基础教育的传统模式，不断更新教学内容和结构，在搞好知识教育的同时，应注重对学生综合能力的培养，使之成为能适应未来国际会计发展需要的复合型、国际型会计审计人才。再其次，根据中国会计行业人才中长期规划，我们要全面贯彻《国务院办公厅转发财政部关于加快发展我国注册会计师行业若干意见的通知》精神，加快完善中国注册会计师行业人才选拔、培养、使用机制，努力形成领军人才辐射带动、开拓国际，优秀人才奋力拼搏、大展宏图，潜在人才不断积聚、蓄势待发，行业队伍人才济济、充满活力的生动局面，为中国注册会计师行业走向国际提供强大的人才资源保障。国家规划到 2015 年，培养造就 600 名具有国际认可度的中国注册会计师；到 2020 年，在 2015 年的基础上再新增 2000 人，推荐其中 50 名左右的高端人才到国际性或区域性会计审计组织任职或服务。重点扶持 10 家左右大型会计师事务所加快发展，以排名前 200 家会计师事务所为基础，前 10 家左右大型会计师事务所为重点，大力实施注册会计师行业做大做强人才培养工程。通过学历教育与继续教育相结合、岗位练兵与脱产集训相结合、理论研究与实战锤炼相结合、境内学习与境外深造相结合、自主培育与合理引进相结合等方式，全面提升中国注册会计师尤其是大型会计师事务所执业人员的职业道德水平和专业胜任能力。中国的会计师事务所要充分利用这一条件，积极推进人才素质的国际化。

5.2

会计师事务所层面

5.2.1　拓展服务领域

国内会计师事务所要想做大做强，真正实现规模化，就必须拓展注册会计师行业的执业领域，积极构建规避风险的壁垒，必须依托相应的市场规模作为支撑，必须扩大自身的市场份额，在所提供服务的深度、广度、品种、结构等方面下功夫。在充分挖掘自身潜力的基础上，开发开拓新的业务领域，并形成以自身特长为主导、满足客户多方面需求的多元化产品结构。

拓宽中国会计服务的业务边界，会计师事务所走多元化经营道路，是会计市场开放和发展的客观需要。一个机构从事多项业务服务，可以共享各种专业人士的知识，提高服务质量和效益，还可以降低成本，提高效率。国内会计师事务所要在竞争激烈的市场中取得成功，必须积极开展市场营销，不能只开展单纯的审计业务，而应拓宽业务范围，培养新的业务收入增长点，实行多样化经营战略。咨询市场已成为世界注册会计师行业新一轮竞争的焦点，中国注册会计师行业应当顺势而为。

（1）建立更加公平、公开、开放的市场体系，加快政府职能的转变，把能够交给市场和中介机构完成的事情，尽量交给市场和中介行业，并进一步消除市场壁垒和各种人为的资格限定。完善有关注册会计师审计的法律制度，并严格执法。当前，新《公司法》进一步完善了中国注册会计师法定审计制度，为拓展注册会计师审计业务领域奠定了法律基础。

（2）拓展执业领域，要充分发挥注册会计师最基本的会计信息的鉴证功能。当前，医疗和教育是全社会高度关注的两大民生问题、热点问题。医院和高校肩负着巨大的社会责任，且这些单位往往资金流量比较大，监管环节比较薄弱。因此，把医院和高校纳入社会审计监督范围，增强这些单位财务管理、资金管理、资产管理的透明度，一方面可以促进其加强管理，提高资金使用效益，另一方面也可以弥补政府审计力量的不足，促进相关领域的体制改革。而且，尽管医院、高校有别于企业，但业务活动复杂，管理水平不高，需要充分发挥注册会计师的作用。

（3）开展人力资源管理咨询服务。21 世纪是知识经济的世纪，企业最重要的资源将是掌握知识和信息的人才。对信息的有效利用和创新，要求未来企业必须重视对人力资源的管理。人力资源管理咨询服务主要包括：职工教育与培训项目设计、提供职工利益管理、职工工资及利益分析与规划、利润分享计划、货币购买养老金计划、职工股票所有权计划、养老金退休金及福利计划、保险金管理、企业生产、推销、会计及人力资源工资的整套系统重建、系统整合、数据库管理、网络设计、客户价值管理、人力资源咨询专门化服务等等。

（4）开展网络咨询服务。随着中国经济的进一步发展，电子信息技术与通信技术在中国会计服务领域的广泛应用与普及，将为注册会计师行业开拓新的服务领域。《中国注册会计师》2005 年第 10 期的数据显示，美国与电子商务有关的咨询收入占全美咨询业务收入的比率，从 1998 年的 29% 上升到 2003 年的 57%。中国注册会计师行业也必须正视这种事实，改善自身的经营理念与技术方法。网络技术的运用，大大降低了外地业务的成本，我们要加大新业务的开展与客户资源的开发力度。而信息的快速传输和全天候的在线，提供了全新的业务时空，甚至可以发挥数量庞大的非执业会员和其他专业人士的潜能，加上原有的客户资源，完全可以凭借原有咨询的业务平台，提供更完善的服务。

（5）推进国际化业务。持续性的对外开放政策将吸引更多的跨国公司进入中国市场，更多的中国公司也将走出国门将参与国际竞争。国际化客户日益增加，国际会计、国际审计、国际税务、国际营销管理、国际事务咨询等跨国公司经营和贸易活动密切相关的服务需求迅速增加。与此同时，将有更多的外资会计师事务所进入中国，会计服务市场的国际竞争将更加激烈。中国会计师事务所应将国际化业务作为未来的优先战略，引进新的国际服务项目以及国际技术，拓展国际业务，将中国本土会计师事务所的会计服务营销到全世界，帮助中国企业寻找国外市场，为外资企业提供会计、税务、法律法规咨询等服务，满足国际客户的服务需求，积极参与国际服务贸易竞争，提高中国会计师事务所的国际认可度。

5.2.2 提高事务所竞争力，继续做大做强

发展资本市场，培育审计服务的良好环境使会计信息真正满足投资者有效的需求。使投资者，尤其是大、中型投资者成为审计市场的强势群体，他们能够基于自己的切身利益，对审计报告的质量提出严格、合理的要求，使审计报告向高水平迈进，呈现出合理、必要的差异性。

推动会计师事务所进行合并与重组，增强国内大型会计师事务所的竞争力，减少无序竞争和无效合并。现阶段必须鼓励本土会计师事务所优化重组做大做强、走规模化发展道路；切实增强本土会计师事务所的核心竞争力，使其真正靠自己的核心竞争力与国际四大会计师事务所抗衡，不断提高本土会计师事务所审计市场集中度；进一步巩固会计师事务所的合并

成果，充分发挥会计师事务所的规模效应；财政部、证监会及中国注册会计师协会等相关部门应多方协作、共同努力，促进形成各类会计师事务所各得其所、协调发展的良性发展格局，最终实现中国注册会计师审计市场的有序竞争。

有步骤地推动中国会计师事务所跨地区、跨部门、跨行业的兼并与联合，争取在未来几年内形成一批实力较强、能与国际会计公司相抗衡的中国自己的四大八大会计公司。在 2006 年 5 月 29 日的中国第三届注册会计师论坛上，注册会计师行业内的最高官员与各大会计师事务所的高层悉数到场，共同探讨中国注册会计师行业的诸多话题，但最后都集中到了一点，即如何做大做强中国的注册会计师行业，打造属于中国自己的四大会计师事务所。明确表示未来将着力打造中国本土的四大会计师事务所，以与国际四大会计师事务所抗衡。目前，国际四大会计师事务所几乎垄断了中国公司的海外上市业务，有观点认为，国际四大会计师事务所掌握了中国某些重要经济信息，这将严重影响到国家经济安全。中国本土会计师事务所达到 7 000 多家，但没有一家可以给四大国有银行做审计。中国审计行业 2009 年度收入总和达 317 亿元，仅国际四大会计师事务所中国分所就占了近 30% 的市场份额。国际四大会计师事务所发展到今天的规模归功于无数次的合并。由于美国经济的发展，企业规模的增大，对审计等业务需求量随之增加，为扩充实力，合并是会计公司满足市场服务需求量最有效的办法。合并中，大公司不仅拥有了客户所在地的分公司，也获得了熟知当地业务惯例有经验的职员，使得国际四大会计师事务所进一步成为全球会计师职业界的超级巨人。

会计师事务所通过合并可以降低竞争程度，并可以通过节约管理费用、协调经营，促进会计师事务所执业效率的提高，合并也可以使会计师事务所上规模、实现会计师事务所内的专业化分工，为客户提供更全面的服务，满足客户多方位的需求。会计师事务所规模上不去，在质量控制、人员培训、专业标准制定、吸引优秀人才等方面会受到极大限制，更谈不上与国际会计公司的竞争。为此，应该鼓励会计师事务所通过合并上规模发展。会计师事务所上规模发展，既可以实现从业人员的专业化分工，降低经营成本，又能够为客户提供更为全面的服务，还可以提供足够的人力、物力来收集、整理、分析在业务中出现的新情况，研究整个注册会计师行业共同面临的问题，提高整个注册会计师行业的执业水平。因而，中国本土会计师事务所走规模经营之路，发展大规模会计师事务所，是壮大中国会计师事务所实力，与国际会计师事务所公平竞争的必由之路。

组建国内集团会计师事务所，所谓集团会计师事务所是由众多的具有内部联系的会计师事务所，按专业化、协作化、联合化、集中化的原则，以一个或几个大型会计师事务所为核心，在自愿、平等、互利、互补的基础上，打破部门、地区、所有制、规模大小的差异，联合若干个分所、成员所组成的多形式、多层次的具有法人地位的大型联合体。这种会计师事务所要求各个会计师事务所有统一的专业技术标准、统一的业务质量控制、统一的人事管理制度、统一的财务管理制度、统一的企业文化，意味着人才、客户、信息等方面的资源共享，做到优势互补，分工更细。

小规模会计师事务所对法律诉讼的压力缺乏敏感性，不会随着法制环境的变化而调整其审计行为。苏（2000）提出了与"深口袋"相对应的"浅口袋"概念，她认为，小规模会计师事务所的赔偿能力有限，这会减少利益相关者起诉小规模会计师事务所的动机。由于这个原因，小规模会计师事务所无法提供高质量的审计。因此，只有具有一定规模的会计师事务所才有可能提供高质量的审计服务。由于认识到这一点，中国监管机构在 2000 年就开始通过推动会计师事务所进行合并，来减少事务所的数量，并初步形成了一批具有一定规模的会计师事务所。推动具有一定规模的会计师事务所做大做强不能总靠监管部门行政力量的推动，最重要的是培育市场对高质量审计的需求，让会计师事务所在竞争中形成优势，通过利益机制促进形成大规模、规范运作的会计师事务所。

5.2.3　防范和降低规模化风险

会计师事务所规模化是一个复杂的组织运用和文化的整合过程，其过程的复杂性，涉及因素的多元性，使得规模化的实施和规模化经营过程充满了风险。因此，为了充分发挥会计师事务所规模化效益，有必要对会计师事务所规模化过程中的风险因素进行深入研究。

5.2.3.1 规模化风险的识别

从规模化战略的制定、实施过程，到规模化后经营管理及整合，其间所伴随的不确定因素，给会计师事务所带来巨大的风险。会计师事务所规模化风险就是指会计师事务规模化过程中，会计师事务所遭受损失的可能性。一个完整的规模化过程包括规模化的前期和规模化整合两阶段，不同的规模化阶段所面临的风险具有不同的内容。

1. 规模化实施前期的风险分析

规模化前期包括规模化战略的制定、规模化对象的搜寻、调查研究和谈判等，每一个步骤都需要花费成本，并且随时存在终止的可能，一旦终止前期投入便无法收回。在此阶段可能因信息的不对称，对自身实力和合并方的情况了解不充分，或因政治、文化、法律等原因，而导致规模化失败。

（1）合并对象调查和选择风险，寻找合适的规模化对象，是规模化发展的前提条件。根据会计师事务所规模化战略目标，进行信息搜集，了解市场基本情况，对大量的相关信息进行分析研究，筛选出符合要求的合并对象。在信息收集的过程中各种信息真伪共存，无法正确地评价目标企业，存在信息不对称的风险。

会计师事务所间的合并在合并对象调查和选择风险方面比一般企业间的并购更大。因为，会计师事务所的主要资产价值在于其所拥有的无形资产，包括人力资源和品牌声誉两方面，这也是合并方最看重的合并价值所在。而人力资源和品牌声誉至今仍无较好的计量方法对他们进行准确的衡量。因此，对于合并方而言很难对其做出准确的判断和评价，存在较大的合并对象选择风险。

（2）规模化方式选择风险。鉴于合并是当前会计师事务所规模化发展最主要的方式，因此，规模化方式选择风险主要分析不同合并方式所存在的风险。会计师事务所通过合并实现规模化发展可采用吸收合并、新设合并两种方式来实现。不同的合并方式，其所蕴含的风险也不同。

第一，吸收合并方式的风险。吸收合并，是指一家会计师事务所吸收另一家或多家会计师事务所的合并方式，通常发生在实力存在明显差距的会计师事务所之间。一般来说，合并方无论在规模还是执业质量、信誉上，都比被吸收方具有明显的优势，所占市场份额和效益要高于被吸收方，从而在合并过程中占主导地位。但是如果合并方的本身规模不大，综合实力不强，控制能力不足，则合并后将无法形成核心竞争力，难以发挥规模化优势。同时合并方的会计师事务所不但继承了被合并方事务所的人员、业务、资产，也相应地承担了被合并方会计师事务所的债务及法律责任，因此，采用吸收合并方式还存在着较大的法律风险。

第二，新设合并方式的风险。新设合并是指合并后建立一个统一的新会计师事务所的合并方式，通常发生在实力相近的会计师事务所之间。无论是在合并过程中还是在合并以后，所有参与合并的会计师事务所都无法单独发挥主导作用，从而导致合并后的会计师事务所以新面目出现。新设合并两方通常实力相当，因此，在人力资源、企业文化的整合上会有一个沟通协调的过程，一般而言整合成本较大，如果相互间缺乏强有力的协调机制，则有可能各自为战，失去竞争优势，因此，新设合并方式的整合风险较高。

2. 规模化整合过程中的风险

规模化，尤其是通过合并、组建集团等方式进行规模化过程中，不同组织、人员、业务以及文化的相互整合，往往因合伙人经营理念、思维方式不同，因不同组织形成的历史渊源不同、组织文化差异性等原因，使会计师事务所成长阶段整合失败，主要表现为：管理失控，执业质量下降，成本居高不下，组织的灵活性变差以及成本增长速度超过收入的增长速度等，也即表现出规模不经济。整合过程中存在的风险主要有：业务整合风险、人员整合风险以及文化整合风险等等。

(1) 业务整合风险，在市场经济条件下，任何一个企业绝不可能提供满足整个市场所有用户与顾客需要的一切商品和服务。会计师事务所的业务包括会计报表审计、资产评估、税务代理、会计代理、管理咨询等业务；从服务对象来看，有国有企业、集体企业、私营企业和外商投资企业等；从行业上看，有工业企业、商业企业、金融保险业等。不同的会计师事务所其资格、规模、能力、主营业务等方面的优势不尽相同，因此，不同类型的会计师事务所之间的合并，必然就会存在业务整合风险。

会计师事务所业务整合不仅包括业务范围的整合，而且包括业务处理方式的整合。一方面，合并双方要依据各自的业务优势进行有效的业务范围的整合，确定合并后的细分市场，即确定合并后会计师事务所的业务范围，另一方面，合并双方应相应建立一套统一的执业质量控制程序以及执业标准。会计师事务所的业务是会计师事务所生存和发展的关键，因此，失败的业务整合，将最终导致合并的失败。

中天勤会计师事务所倒闭是因为"银广夏"事件，其根本原因就在于合并双方业务整合的失败。中天勤会计师事务所是由原来的天勤会计师事务所和中天会计师事务所合并设立的。合并后，两家会计师事务所仍是采取独立运作方式，在内部管理、质量控制程序及财务核算等方面两家会计师事务所尚未统一，各自的业务也不搭界。2000年银广夏年度报告是原来中天会计师事务所出具的，原天勤会计师事务所对该项业务根本不知情。原天勤会计师事务所的业务监管程序严格按照三级复核制进行，但原来中天会计师事务所的业务程序比较混乱，没有按规定的三级复核要求进行。如果两家会计师事务所合并后，能够相应进行业务整合，建立统一的内部管理、质量控制程序，就不会导致如此严重的审计失败，天勤会计师事务所也不会因此受到牵连。

（2）人员整合风险，不同的会计师事务所人力资源结构通常是不同的，比如有的会计师事务所审计人员实力强，有的会计师事务所咨询人员实力比较强，有的会计师事务所金融审计方面人员实力强等等。合并后的规模化经营战略对各类专业人才的需求与合并后的人力资源情况可能不相适应，这将产生人力资源浪费的风险。

会计师事务所的规模化，必然带来从业务到组织结构的重新调整，从某种角度可能会给员工带来心理和生理上的不安全感，这种不安全感可能转化为员工心理上的抵触和行为上的懈怠，最终增加合并的人员整合难度，产生较高的规模化人员整合成本。

郑海航等学者在《中国企业兼并研究》中将并购重组失败归结为五个常被提及的原因。对这五大问题进行深入的分析，发现与并购双方人员有关的问题占的比重最大，为33%，所以会计师事务所间合并是否成功对人员的有效整合是关键所在。

（3）组织文化整合风险，组织文化是组织赖以运转的文化条件或背景，即组织内全体成员在生产经营活动中培育形成的并共同遵循的价值观念、经营理念、行为规范、信仰和情感的结合。组织文化的冲突主要是因为不同组织其形成发展的环境、所拥有的资源水平等因素使不同组织文化存在差异及对立冲突。会计师事务所合并双方必然存在文化差异，因此，在合并后必然存在文化整合风险。

随着我们会计市场的进一步开放，中国会计师事务所和国际会计公司的规模化合并也日益频繁和扩大，跨国的规模化合并和跨组织文化冲突所引起的规模化风险也日益突出。

3. 国外事务所规模化失败案例分析

规模化是会计师事务所发展的必然趋势，国际会计师事务所的发展史便是会计师事务所规模化的发展史，但是国际会计师事务所的规模化历程也并非一帆风顺，它们也处处充满了风险，严重的最终导致了会计师事务所规模化的失败。表5-1列举了国际大型会计公司全球合并的失败案例。

表5-1　　　　　　　　国际大型会计师事务所规模化失败案例

合并参与方	宣布合并计划时间	预期合并效果	合并失败原因简要分析
毕马威 安永	1997年10月20日	160亿美元的合并计划可以产生世界最大的会计公司	（1）组织体系冲突，毕马威各国事务所采取紧密联合型，安永为松散联合型。（2）成本太高，共同分享利润需要相当长的时间。（3）部分合伙人进行抵制，主要因为职责分配协调不平衡。（4）合并计划设计太简单。（5）客户对合并持抵制态度，不希望选择会计师事务所的范围太小

合并参与方	宣布合并计划时间	预期合并效果	合并失败原因简要分析
普华	1989年7月6日	150亿美元的合并计划可以产生世界最大的会计公司；弥补双方弱点，普华审计业务首屈一指，安达信管理咨询实力最强	(1) 组织体系冲突，普华较松散，安达信则为集权体制。(2) 经营文化不同，安达信积极进取，但是普华则属于绅士派，传统保守。(3) 财务方面不协调，安达信坚持要求普华全球平均分享，并认为普华合伙人年均收入太低。(4) 合伙人退休计划方面存在重大差异
安达信			
安达信	1985年底	25.5亿美元的合并计划将产生世界第一大会计公司超过第二位PMM规模的5/7	经营政策冲突，安达信强调全球的统一化，KMG强调各国独立自主
KMG			
普华	1984年8月	20亿美元的合并计划将产生世界第一大会计公司超过首位安达信规模的2/3	(1) 人事职位分配协调困难，二者在美国各大城市都设有分所。(2) 双方主要会员国代表人投票表决时，英国方面未能达到3/4
DHS			

　　从国际会计师事务所的规模化案例中我们可以看出，会计师事务所规模化的风险是巨大的，形成规模化风险的因素也是多种多样的，包括企业经营文化冲突、组织体系整合不合理、合伙人在经营观念存在差异等。国际会计师事务所规模化中的失败案例，为中国会计师事务所的规模化提供了宝贵的经验和教训。

5.2.3.2　规模化风险的控制

　　会计师事务所规模化的过程是会计师事务所扩大规模，逐步形成竞争优势的过程。从会计师事务所规模化战略的制定，规模化实施到规模化后的经营管理以及整合过程，其间伴随的不确定因素，将给会计师事务所带来巨大的风险。如何控制和降低合并过程中的规模化风险是规模化成功与否的关键，也是能否充分发挥规模化效益的前提。

1. 定位分析是基础

　　会计师事务所规模化过程中，只有对会计师事务所拥有的资源以及市场地位有准确的分析和恰当的定位，进而对规模化未来的目标市场有了清晰的认识，才可能在规模化过程中根据已经有的条件和目标，选择合适的合并对象，确定切实可行的规模化战略及规模化整合方式，通过各种途径达到资源的有效配置，以实现资源的优化组合。

2. 识别风险有效整合是重点

会计师事务所规模化是一个复杂的组织运作和文化整合过程，其过程的复杂性，所涉及因素的多元性，使得规模化的实施和规模化经营过程充满了风险。虽然风险是不确定的、客观存在的，但会计师事务所规模化过程的每一步决策和实施，却是可以选择的。因此，识别风险，及时采取有效的应对措施进行有效的整合，才能降低风险所带来的损失。控制和降低合并过程中的规模化风险，提高会计师事务所规模化效益是规模化战略的关键所在。

3. 培育合并后事务所的核心竞争力是关键

以资源为基础的竞争优势理论认为：竞争优势的本质是为顾客提供其需要的独特价值，最佳的竞争优势首先应该产生于对会计师事务所现有资源和核心能力的分析。因此，只有培育以核心竞争能力为基础的竞争优势才能真正实现会计师事务所的规模化经营。会计师事务所通过规模化经营实现在市场中的优势地位，适应市场规模化和竞争的需要，只有拥有核心竞争优势，才有可能在市场中处于优势地位。如何在规模化过程中保持和形成新的竞争优势，以控制规模化风险。可以通过整合现有合并方的业务技术、客户资源，达到优势互补，形成新的核心业务技术及构建良好的客户关系群体等，其根本在于会计师事务所核心能力的不断强化，同时通过整合合并双方原有的竞争优势，形成新的独有的核心竞争力，从而形成进入壁垒，阻止竞争者的进入。

5.2.4　规范会计师事务所的内部管理和强化质量控制

会计师事务所应树立品牌意识，"以质量求生存，以信誉求发展"，良好的品牌是靠自身卓越的执业质量和良好的信誉来维持的。

5.2.4.1 健全内部人事管理制度

中国的会计师事务所要增强竞争力，必须健全会计师事务所的内部管理制度，首先应该改变的管理制度就是人事管理制度。会计师事务所是人才密集型企业，事务所内部如果没有合理、科学的人事管理制度，就无法留住优秀人才。会计师事务所应当建立健全严格、合理、透明的各种制度，如人员聘用、考核与晋升制度、工资福利与保险制度、合伙财产的管理与处置制度、合伙人与员工争议制度等。

5.2.4.2 建立完善的质量控制体系

会计师事务所的执业质量对会计师事务所的生存和发展来说是至关重要，尤其是在中国加入 WTO 后更是如此。中国的各个会计师事务所应该树立风险意识，建立完善的风险评估、预警、监测和防范机制；对于具体的审计项目要确立项目负责人负责制；强化对业务质量的三级复核制度的执行；设置专门的质量控制部门，依据统一的标准，对事务所内各业务部门及下属分所、成员所进行定期质量检查，做到防检结合，以防为主；要将检查中发现的问题划分事故等级，通过教育、解聘，甚至机构调整等办法，予以纠正，控制好执业过程中的风险点。

5.2.4.3 购买注册会计师职业保险

注册会计师行业是高风险行业。除加强自身的质量控制外，会计师事务所还应该购买职业保险，将会计师事务所的风险部分转嫁给保险公司。这既是加强自身风险防范能力的一种表现，也是对广大投资者负责，可以提高会计师事务所的声誉。中国目前基本上未规定实行注册会计师职业保险制度，仅在会计师事务所的会计制度中规定按收入的 10% 提取职业风险准备金。但这很难抵御日益增加的执业风险。如今，中国人民保险公司、平安保险公司等几家保险公司的条款已经出台，责任保险制度已由理论探索转化为实践运作。会计师事务所应该树立市场经济条件下的保险意识，主动购买保险。

5.2.4.4　成本效益原则与执业质量问题

会计师事务所是一个经营实体，其市场的开拓往往是从商业角度考虑的，也就是说存在成本效益问题。一般而言，规模扩大会带来市场份额的扩大。但是，并非所有扩大规模的行为都会带来效益的增加，有相当一部分会计师事务所在规模扩大后，发现成本急剧上升，而业务收入却上升缓慢。产生这种现象有以下原因：一是会计师事务所的性质决定了规模与效益无直接的正比例相关性。会计师事务所是一个典型的以知识获取利润的群体，这不同于一般的商品生产或流通企业。会计师事务所的发展和壮大，在很大程度上靠的是注册会计师高智力的不断投入。如果仅仅按照资合的原则来建立议事、决策、分配等规则，有可能埋没人才，调动不了员工的积极性。同时，在会计师事务所，脑力劳动所产生的利润远高于资本投入所产生的利润。因此，投入资本的增加并不意味着会计师事务所收益的增加，是否在规模扩大中增加了高水平、高智商的从业人员，才是会计师事务所能否在规模化发展中获取利益的关键。二是会计师事务所的管理水平直接影响着事务所的经济效益。由于中国会计师事务所的整体管理水平不高，缺乏优秀的管理人才。在规模扩大的过程中，滞后的管理往往导致成本失控，执业质量下降，而执业质量是事务所发展的生命线，是实现规模化发展的核心，执业质量低下，将最终影响会计师事务所的效益。三是由于受旧体制的长期影响，中国大部分会计师事务所的工作效率低下，这在小规模时表现并不突出，因为小规模所分工较粗，管理环节少，容易掩盖效率矛盾。随着会计师事务所的规模化发展，事务所人员增多，分工越来越细，管理环节增多，效率矛盾就显得非常突出。

因此，要解决中国会计师事务所在规模扩大中的成本效益与执业质量问题，应注意：一是要根据市场要求和会计师事务所的实际情况，慎重选择适当的规模化发展途径。二是要重视人员培训，努力提高会计师事务所成员的业务水平和个人素质，要培养一批具有先进管理水平的会计师事务所管理人员。此外，更为重要的是，要加强新知识的学习与新技术的应用。三是要特别注意规模扩展和质量控制能力提升相结合，以专业服务能力的提高、质量控制能力的提高以及专业竞争能力的提高为目标，而不是单纯追求规模的扩大。

5.2.5　国际化发展

会计市场竞争日益激烈，会计师事务所国际化已经成为必然选择。在国内会计市场上，我国高端审计业务被国际四大会计师事务所长期垄断，而且国际四大会计师事务所把持着我国关键领域的市场，因此可以轻易获取我国关键行业的重要信息，对我国的经济信息安全构成了严重的威胁。我国会计师事务所要加快发展步伐，提高其在我国关键行业所占市场份额，维护国家经济信息安全。在我国企业加快步伐"走出去"、国际竞争日趋激烈的情况下，会计师事务所的国际化不仅能够推动我国注册会计师行业的发展，而且可以保护我国境外投资企业的经济信息安全。

5.2.5.1　经济发展促使会计师事务所国际化

截至 2016 年底，我国境内投资者在境外设立对外直接投资企业约 3.7 万家，对外直接投资存量近 1.4 万亿美元；2016 年境外中资企业向投资所在国缴纳的各种税金总额近 300 亿美元，年内雇用外方员工约 130.3 万人，较上年末增加 11.8 万人。以华为公司为例，他们在全球的供应商超过 12 000 家，华为公司所获得的商业贷款中近 90% 来自海外银行，海外分支企业的员工平均本地化率达 71%，在一些国家这个数字甚至是超过 85%、90%。企业"走出去"就要求与之配套的服务也要"走出去"。会计师事务所作为服务企业的中介机构要在企业国际化过程中发挥"护卫舰"的作用，利用会计师事务所本身的资源帮助企业解决在海外经营遇到的难题，保障我国企业境外经营的顺利开展，服务国际化客户是我国事务所国际化发展的重要动因之一。从 20 世纪初，国际四大会计师事务所获准在我国以中外合作所的形式开展业务以来，国际四大会计师事务所在我国市场上迅速扩张，占据大量市场份额，我国会计师事务所亟须拓展国际化市场，谋求更大发展。

5.2.5.2　"一带一路"助推会计师事务所国际化发展

"一带一路"倡议是由我国提出的，该倡议为沿线国家的协同发展提供了一个跨国平台，同时也会加速我国企业的"走出去"步伐，进而促进企业对外投资的大幅提升，这不失为一次加快作为企业服务中介机构的会计师事务所进军国际市场的好机会。自贸区的建设将会推动一系列改革措施的出台，改革所带来的有利因素将会在以后的发展过程中一步步逐渐释放出来，并促进我国经济转型升级的实现。这两个战略是互相促进的关系，两者共同作用会为我国企业在海外市场发展增添蓬勃生机。自贸区与"一带一路"倡议相互呼应，相互协同，我国企业"走出去"和会计师事务所"走出去"的步伐也会因此加快。

5.2.5.3　找准进入新市场的时机

从国际"四大"会计师事务所在我国的发展过程来看，只有先突破国家的政策壁垒和地区的地域壁垒才有机会打开一个新的市场。我们要意识到国际化不是一蹴而就的，不能采用暴力推动的形式，应该顺应经济发展趋势。国际四大会计师事务所从 1979 年 11 月设立第一家代表处到 1992 年开办第一家中外合作所允许开展具体的业务经历了长达 13 年的时间。面对我国设置的壁垒，国际"四大"会计师事务所没有消极对待，而是密切关注经济形势，主动出击，适时提出有利于自身在我国市场扩张的建议，如提出设立中外合作所，既可以通过我国本土会计师事务所为其招揽客户，又能在与本土会计师事务所的合作过程中克服语言、文化等障碍，同时还可以打破我国政府在政策上的限制。而且国际四大会计师事务所与我国政府之间具有良好的关系，我国政府在权衡利弊之后采纳当时国际五大会计师事务所提出的建立合作所的建议就是一个很好的证明。我国会计师事务所在进入其他国家之前，首先要了解当地的市场需求、文化和政府设置的壁垒，通过各种可行的方式积极寻求进入新市场的时机，找准进入新市场的切入点，并且要注意与当地政府建立良好的关系，以期降低进一步扩张的壁垒。

5.2.5.4 培养我们自己的国际化品牌

会计师事务所是一种中介机构，它提供的是一种特殊商品与服务，其品牌效应直接关系着其提供的产品是不是被认可。我国会计师事务所在国际资本市场上的品牌效应普遍不足，因此其出具的审计报告很难获得利益相关者的认可。品牌效应不足已经成为制约事务所国际化发展的一大瓶颈。

会计师事务所在国际化发展过程中要注重树立属于我国自己的国际品牌，建立健全内部控制体系，发挥所有权优势；在选择国际化发展路线时，要考虑别的国家设置的政策壁垒以及法律、语言壁垒，还要考虑距离的远近以及成本等问题，充分利用区域优势；同时也要不断提高内部化优势。会计师事务所国际化是对会计师事务所发展状况的一种描述，会计师事务所国际化是一个动态的、渐进的、不断发展变化的过程。会计师事务所国际化就是指会计师事务所由国内向境外发展、扩张的过程，并且在这一发展过程中不断提高事务所国际的市场份额，最终发展成为具有国际影响力和国际品牌的会计师事务所。

第 6 章

研究结论的验证

因为本书是以笔者 2011 年在厦门大学的博士毕业论文（2010 年 12 月完成）为基础写的，现在已经 2019 年了，8 年时间过去了，现在我们回头去看看，原来文章所形成的结论是否是正确的，是否能经得起时间的检验，研究的过程及方法等是否存在缺陷，故事是否按我们原来设想的那样发展。

6.1

业务收入规模对比

会计师事务所的业务承接能力基本就能从业务收入的多少表现出来，会计师事务所承担风险和分散风险的能力也与收入规模直接相关。在国际上，权威机构通常也认为事务所的业务收入规模是衡量会计师事务所规模的最好指标，并主要根据业务收入规模的大小来对国际大型会计师事务所进行排名。以下是 2009 年与 2016 年中国本土会计师事务所与国际"四大"会计师事务所中国合作所的业务收入规模的比较。如表 6 - 1 所示。

表 6 - 1　　　　2009 年与 2016 年排名前 10 位会计师事务所年收入对比

会计师事务所名称	2009 年度收入（亿元）	收入比例（%）	2016 年度收入（亿元）	收入比例（%）
普华永道中天会计师事务所	25.78	19.64	41.17	15.25
德勤华永会计师事务所	23.70	18.06	33.25	12.32

会计师事务所名称	2009 年度收入（亿元）	收入比例（%）	2016 年度收入（亿元）	收入比例（%）
毕马威华振会计师事务所	22.21	16.92	25.33	9.38
安永华明会计师事务所	19.61	14.94	29.61	10.97
中瑞岳华会计师事务所	8.72	6.64	40.30	14.93
立信会计师事务所	6.63	5.05	35.02	12.97
信永中和会计师事务所	5.19	3.95	15.61	5.78
天健会计师事务所	5.03	3.83	19.28	7.14
国富浩华会计师事务所	5.32	4.05	被合并	0.00
大信会计师事务所	5.17	3.94	15.09	5.59
致同会计师事务所	3.88	2.96	15.28	5.66
合计	131.24	100.00	269.94	100.00

资料来源：中国注册会计师协会网站（http://www.cicpa.org.cn/），2002～2016 年度事务所前百强信息，2017 年 11 月。

根据中国会计师事务所 2009 年度的排名情况可以看出，国际四大会计师事务所中国合作所的收入规模都在 20 亿元左右水平，并且国际四大会计师事务所收入总规模占中国排名前 10 位的会计师事务所收入总规模的 71.69%。国内会计师事务所只有中瑞岳华会计师事务所收入初具规模，年收入达到 8 亿多元，但是还是没有突破 10 亿元大关。2009 年度，排名前 10 位的会计师事务所中，本土会计师事务所的年度收入总和还不到国际四大会计师事务所收入的一半规模。这表明中国本土会计师事务所的收入规模与国际四大会计师事务所相比还有相当大的差距。

但是根据中国会计师事务所 2016 年度的排名情况可以看出，国际四大会计师事务所中国合作所第一名的普华永道中天会计师事务所收入为 41.17 亿元，第二名中国本土会计师事务所瑞华会计师事务所收入为 40.30 亿元，只差 0.87 亿元；国际四大会计师事务所收入总规模从 2009 年占中国排名前 10 位的会计师事务所收入总规模的 71.69%下降到 47.92%；本土会计师事务所的年度收入总比国际四大会计师事务所收入还高出 11.22 亿元，高 8.67%。这表明中国本土会计师事务所的规模化效应已经得到很明显的成效，与国际四大会计师事务所之间的差距在逐渐缩小，甚至未来可能慢慢超过。

2013 年 4 月 30 日，中瑞岳华和国富浩华签订了《合并协议》，并于 2013 年 5 月 31 日发表合并公告，宣布为积极践行做强做大和"走出去"的发展战略，着力实现"规模化、多元化、国际化、信息化、品牌化"的五化融合目标，在平等自愿、互利共赢、友好协商的基础上进行合并。合并后的事务所名称为"瑞华会计师事务所（特殊普通合伙）"，沿用国富浩华的法律主体，中瑞岳华的人员和业务转入瑞华。合并后双方的债权债务由各自承担。自 2013 年 6 月 1 日起，中瑞岳华、国富浩华统一以"瑞华"的名义承接新业务。中瑞岳华在 2013 年 7 月 1 日前完成了注册会计师转所工作，在 2013 年 8 月 31 日前向相关部门上交执业证书和证券期货相关业务许可证。中瑞岳华所属的罗申美国际和国富浩华所属的国富浩华国际发表了联合声明，宣布瑞华同时成为这两家会计机构在中国的成员所。合并当年，瑞华跻身前三名，成为最大的本土品牌会计师事务所。

瑞华会计师事务所是由原中瑞岳华会计师事务所和原国富浩华会计师事务所新设合并而成的，而这两个会计师事务所各自也都经历了合并，并且还不止一次。中瑞岳华会计师事务所拥有 30 年发展历史，是我国第一家转制的特殊普通合伙制会计师事务所，被财政部、证监会授予第一批 H 股审计资格。2008 年 1 月 16 日，由我国两大会计师事务所——中瑞华恒信会计师事务所、岳华会计师事务所合并而成的中瑞岳华会计师事务所在京宣告成立，并加入罗申美（RSM）国际。中瑞岳华会计师事务所凝聚科学发展的强大合力，致力于集团化、规模化发展和民族品牌的创建，为客户提供一流服务。中瑞岳华以严谨的专业态度、成熟的工作经验、良好的沟通能力，为国家电网、南方电网、中海油、中远集团、航空工业集团、鞍钢集团、中煤集团、中外运集团等 40 余家国务院国资委直属中央企业、120 余家上市公司、近 2 000 家常年审计客户提供高品质、全方位的中介服务。在中国注册会计师协会发布的 2008～2011 年度《会计师事务所综合评价前百家信息》中，中瑞岳华连续四年名列本土会计师事务所第一，成为中国最大的本土会计师事务所。

国富浩华会计师事务所于 2009 年 9 月，由北京五联方圆会计师事务所、万隆亚洲会计师事务所、中磊总部部分执业团队及其安徽、江苏、福建、广东佛山分所合并而成。国富浩华是在2013年2月合并了因绿大地欺诈上市而被撤销证券服务业务资格的深圳鹏城所，以及利安达部分分所团队。它还是国富浩华国际（Crowe Horwath International）在中国的唯一成员所，具有遍及全球的执业网络联系，可以为客户提供综合性、全球化的专业服务。国富浩华在香港设有成员所——国富浩华香港会计师事务所，香港所具有上市公司客户52家，业务收入1.6亿元，员工360人，具有丰富的H股审计、海外上市审计等专业经验，可以为内地企业香港上市、H股年报审计等提供全方位服务。合并前在中国注册会计师协会发布的2010~2012年度会计师事务所百强榜中均名列前10位，是无可非议的本土大型会计师事务所。

6.2

从业人员数量对比

会计师事务所作为一个以注册会计师为核心资源的经济主体，注册会计师的工作质量直接决定了会计师事务所提供会计服务的能力，同时也决定了会计师事务所业务的创收能力。拥有一定数量高素质的注册会计师，会计师事务所才能开展会计服务，满足客户的各种需求。因此，会计师事务所的规模在一定程度上也通过注册会计师的人数来反映。如表6-2所示。

表6-2　　2009年与2016年排名前10位会计师事务所人员对比情况

会计师事务所名称	2009年注册会计师人数（人）	2016年注册会计师人数（人）	2009年人均业务收入（万元）	2016年人均业务收入（万元）
普华永道中天会计师事务所	678	1 056	51.80	58.03
德勤华永会计师事务所	715	852	49.06	58.94
毕马威华振会计师事务所	648	741	51.01	55.90
安永华明会计师事务所	866	999	44.21	54.56

会计师事务所名称	2009 年注册会计师人数（人）	2016 年注册会计师人数（人）	2009 年人均业务收入（万元）	2016 年人均业务收入（万元）
中瑞岳华会计师事务所	1 228	2 514	28.74	46.11
立信会计师事务所	674	1 939	32.06	42.19
信永中和会计师事务所	1 016	1 278	21.3	34.59
天健会计师事务所	705	1 453	29.59	44.17
国富浩华会计师事务所	864	被合并	26.09	
大信会计师事务所	527	1 127	28.12	37.92
合计	7 921	11 959		

资料来源：中国注册会计师协会网站（http://www.cicpa.org.cn/），2002~2016 年度事务所前百强信息，2017 年 11 月。

目前，中国会计师事务所排名居前 10 位的注册会计师人数已经比国际四大会计师事务所的注册会计师人数多了。2016 年度，瑞华会计师事务所注册会计师人数达 2 514 人，与国际四大会计师事务所中的老大普华永道中天会计师事务所相比，瑞华会计师事务所的注册会计师人数比普华永道中天会计师事务所的注册会计师人数多了 1 458 人，超出了 138%。但是从业人员平均收入来看，国内会计师事务所与国际四大会计师事务所相比还存在相当大的差距，虽然这个差距在这几年的发展当中也在不断地缩小，2009 年国际四大会计师事务所平均人均业务收入为 49.02 万元，中国本土前 10 大会计师事务所平均人均业务收入为 27.65 万元，两者之间绝对值差异 21.37 万元，相对值差异 43.59%；而到了 2016 年，国际四大会计师事务所平均人均业务收入为 56.86 万元，中国本土前 10 大会计师事务所平均人均业务收入为 41.00 万元，两者之间绝对值差异 15.86 万元，相对值差异 27.90%；两个年份的差异对比减少了 36.01%。国际四大会计师事务所与本土会计师事务所的差异在逐年减少。

所以，在本书论述的当时 2010 年，中国本土会计师事务所其规模报酬处于递增阶段，收益增加的幅度大于规模增加的幅度，即其效率在不断地提高，呈现出明显的规模效应。按当时来说，规模化发展是本土会计师事务所较优的发展选择。会计师事务所作为服务性的特殊企业，其规模的大小通常体现在注册资本、注册会计师数量、业务收入、市场份额、分所数量及分布地区的广度等指标上。任何经济组织规模化的内在动力是一定程度、一定范围内规模经济的存在。规模大的会计师事务所更能化解市场风险，更有能力迎接和承受来自国内外同行的竞争和挑战。因此我们不管是从对中国目前的审计市场结构的研究，还是从经验数据的分析研究，或者是从现实会计师事务所合并案例的研究分析结果，还是我们后续的检验来说，我们都可以得出这样的一个结论：当时及目前中国本土会计师事务所正处于规模效应递增阶段，规模化发展是符合目前中国本土会计师事务所的利益，我们应该加大力度推动中国本土会计师事务所进行做大做强。

参 考 文 献

[1] 蔡春，谭洪涛. 会计实证模型与方法研究 [M]. 成都：西南财经大学出版社，2008.

[2] 蔡春，唐滔智. 会计师事务所规模报酬和效率分析 [J]. 会计之友，2008 年第 5 期.

[3] 常勋. 审计质量控制与风险防范 [M]. 厦门：厦门国家会计学院教材，2002.

[4] 常勋，黄京菁. 会计师事务所质量控制 [M]. 大连：东北财经大学出版社，2005.

[5] 常勋. 会计师事务所经营管理问题 [M]. 北京：经济科学出版社，2009.

[6] 崔永春，文春芳. 会计师事务所规模经济研究——基于中注协 2005～2007 年度会计师事务所综合评价前百家信息 [J]. 现代商贸工业，2009 年第 20 期.

[7] 陈箭深. 中国注册会计师行业的历史、现状和未来 [Z]. 对厦门大学 MPACC 的演讲课件，2006 年 5 月 3 日.

[8] 程用文. 中小会计师事务所发展问题研究 [M]. 北京：经济科学出版社，2009.

[9] 冬林，林震昊. 审计市场的竞争状况分析 [J]. 会计研究，2003，(3)：40－46.

[10] 范冰冰. 基于资源基础理论的国际"四大"会计师事务所竞争优势分析 [A]. 吉林大学硕士论文，2009 年.

[11] 冯瑞娴. 会计师事务所规模、行业专长与审计质量的相关性研究 [A]. 浙江大学硕士论文, 2006 年.

[12] 高鸿业, 吴易风, 刘凤良. 研究生用西方经济学——微观部分 [M]. 北京: 经济科学出版社, 2004.

[13] 耿建新, 房巧玲. 我国会计师事务所规模研究 [J]. 会计研究, 2005 年第 3 期.

[14] 郭宏超, 马宜. 四大会计师事务所高收费吞噬国内审计市场 [Z]. 《经济观察报》, 2004 – 10 – 31.

[15] 哈尔. 瓦里安. 微观经济学 [M]. 北京: 经济科学出版社, 2006.

[16] 韩晓梅, 徐玲玲. 会计师事务所国际扩张: 四大与非的比较研究 [J]. 会计研究, 2009 年第 7 期.

[17] 郝树芹. 我国会计师事务所规模效应的逐步回归分析 [J]. 财务视点, 2007 年第 1 期.

[18] 何元福. CPA "娘家人" 之见 [M]. 北京: 中国财政经济出版社, 2004.

[19] 胡家源. 德勤们在中国的化装舞会 [J]. 南风窗, 2006 – 5 – 15.

[20] 胡南薇. 中国审计市场行业专门化经营绩效与战略的实证研究 [A]. 厦门大学博士论文, 2009 年.

[21] 黄法得. 会计师事务所规模与盈余质量的实证研究 [A]. 厦门大学硕士论文, 2007 年.

[22] 黄丽. 会计师事务所规模化效益问题研究 [A]. 福州大学硕士论文, 2006 年.

[23] 黄世忠. 会计数字游戏 [M]. 北京: 中国财政经济出版社, 2003.

[24] 黄世忠. 美国财务舞弊症结探究 [J]. 会计研究, 2002 年第 10 期.

[25] 焦云. 我国本土会计师事务所合并问题研究 [A]. 中国地质大

学硕士论文，2008 年.

[26] 金恩东. 国内会计师事务所规模化路径选择［A］. 浙江财经学院硕士论文，2009 年.

[27] 金明伟. 注册会计师非诚信行为的成因与治理［J］. 审计与经济研究，2002 年第 11 期.

[28] 李斌. 会计师事务所合并问题研究［A］. 湖南大学硕士论文，2004 年.

[29] 李连军. 会计师事务所品牌声誉实证研究［M］. 上海：复旦大学出版社，2006.

[30] 李若山. 注册会计师：经济警察吗?［M］. 北京：中国财政经济出版社，2003.

[31] 李涛. "四大" 会计师事务所在中国的强势生存［Z］. 中国证券报，2006 - 2 - 6.

[32] 李铁群. 中国本土会计师事务所规模化发展：进程与关键举措［J］. 财政研究，2009 年第 7 期.

[33] 李维安. 美国的公司治理［M］. 北京：中国财政经济出版社，2003.

[34] 李志刚，邓亦农. 论会计师事务所规模化经营对审计质量控制的影响［J］. 湖南科技大学学报，2007 年第 4 期.

[35] 梁士念. 会计师事务所应倡导走合伙制的路子［J］. 财务与会计，2000 年第 8 期.

[36] 刘明辉，徐正刚. 中国注册会计师行业的规模经济效应研究［J］. 会计研究，2005 年第 10 期.

[37] 刘成立. 会计师事务所规模能否反映审计质量［J］. 财会通讯，2008 年第 9 期.

[38] 刘峰. 信息披露：实话实说［M］. 北京：中国财政经济出版社，2003.

[39] 刘文军，米莉. 审计师行业专长与审计质量——来自财务舞弊公司的经验证据［J］. 审计研究，2010 年第 1 期.

[40] 刘玉廷. 我国注册会计师行业改革与发展进程中新的里程碑——《关于加快发展我国注册会计师行业的若干意见》解读 [J]. 会计研究, 2009 年第 10 期.

[41] 吕国民. 走向二十一世纪的中国注册会计师事业 [M]. 北京: 中国画报出版社, 1999.

[42] 吕兆德, 宋常. 关于会计师事务所规模溢价的研究 [J]. 山西财经大学学报, 2007 年第 12 期.

[43] 吕珂萍. 我国会计师事务所规模化发展研究 [A]. 首都经济贸易大学硕士论文, 2007 年.

[44] 雷小丽. 会计师事务所规模与审计质量关系研究 [A]. 西南财经大学硕士论文, 2008 年.

[45] 马克·史蒂文斯著. 陈玉新译. 领袖的风险 世界顶级会计师事务所揭秘 [M]. 北京: 中国编译出版社, 2003.

[46] 平新桥. 微观经济学十八讲 [M]. 北京: 北京大学出版社, 2005.

[47] 施金平. "国际四大"垄断我国审计市场之思考 [J]. 财会月刊, 2010 年第 1 期.

[48] 施金平. "民族品牌的湮灭"——"天健系"的瓦解评说 [J]. 财会学习, 2006 年第 12 期.

[49] 施金平. 中国本土会计师事务所发展分析 [A]. 厦门大学硕士论文, 2006 年.

[50] 孙继辉. 我国会计师事务所规模化探析 [J]. 会计之友, 2009 年第 2 期.

[51] 唐志鹏. 我国会计师事务所规模化发展研究 [A]. 首都经济贸易大学硕士论文, 2009 年.

[52] 王兵, 辛清泉, 杨德明. 审计师声誉影响股票定价吗——来自 IPO 定价市场化的证据 [J]. 会计研究, 2009 年第 11 期.

[53] 王兵, 辛清泉. 分所审计是否影响审计质量和审计收费? [J]. 审计研究, 2010 年第 2 期.

[54] 王传凤，柯友华，杜方伟，刘世教．对我国会计师事务所合并问题的看法 [J]．财会月刊，2004 年第 5 期．

[55] 王华，姜虹．会计师事务所审计质量保证机制研究 [M]．大连：东北财经大学出版社，2007．

[56] 王军．做大做强做出去、抓紧抓好抓起来 [J]．中国注册会计师，2007 年第 6 期．

[57] 王芸，王帆．我国会计师事务所规模特征分析 [J]．财会月刊，2008 年第 2 期．

[58] 吴江涛．会计师事务所合并进程的回顾和展望 [J]．中国注册会计师，2002 年第 12 期．

[59] 温国山．主成分分析法在会计师事务所规模度量中的应用研究 [J]．财会月刊，2010 年第 6 期．

[60] 谢国珍．本土会计师事务所与国际"四大"的比较研究 [J]．会计之友，2006 年第 1 期．

[61] 谢凌，施金平．我国注册会计师行业何去何从 [J]．对外经贸财会，2006 年第 11 期．

[62] 熊林峰，林君芬，黄一鸣．中国注册会计师行业规模报酬与规模经济效应研究 [J]．财会通讯，2006 年第 6 期．

[63] 徐正钢．注册会计师行业规模经济概念的拓展 [J]．中国注册会计师，2006 年第 1 期．

[64] 许汉友，汤谷良，汪先娣．中国会计师事务所运营效率之 DEA 分析 [J]．会计研究，2008 年第 3 期．

[65] 阳昌云．美国会计师事务所合并的一些经验 [J]．中国注册会计师，2008 年第 5 期．

[66] 杨纪琬，余秉坚．注册会计师必读 [M]．北京：中国物价出版社，1997．

[67] 杨学华．会计师事务所的战略合并趋势分析 [J]．审计与经济研究，2002 年第 1 期．

[68] 杨永淼，吴金波．注册会计师行业组织研究综述 [J]．山东工商

学院学报，2006 年第 2 期．

[69] 杨永淼，杨美丽，张彬．我国会计师事务所规模经济效应的实证研究 [J]．财会月刊，2007 年第 5 期．

[70] 叶陈刚，陈德球，浦军．金融危机、风险管理与审计变革 [J]．会计研究，2009 年第 8 期．

[71] 于玉林，齐雍．中国注册会计师执业实务指南 [M]．沈阳：辽宁人民出版社，1995．

[72] 于玉林．实证会计研究与系统会计研究 [J]．会计研究，2009 年第 9 期．

[73] 余玉苗，詹俊．对我国会计师事务所合并浪潮的剖析 [J]．财务与会计，2000 年第 12 期．

[74] 原红旗，李海建．会计师事务所组织形式、规模与审计质量 [J]．审计研究，2003 年第 1 期．

[75] 赵保卿，朱蝉飞．注册会计师审计质量控制的博弈分析 [J]．会计研究，2009 年第 4 期．

[76] 赵保卿．会计师事务所服务营销策略 [M]．上海：复旦大学出版社，2007．

[77] 赵婧，王玲．我国会计师事务所规模化发展的必要性 [J]．财会月刊，2006 年第 1 期．

[78] 赵向阳．会计师事务所审计质量与规模关系研究 [J]．审计月刊，2006 年第 2 期．

[79] 中国注册会计师协会．关于印发《关于贯彻落实国务院办公厅转发财政部关于加快发展我国注册会计师行业若干意见的实施意见》的通知 [Z]．2010 年 2 月 12 日．

[80] 中国注册会计师协会期刊编辑部．会计师事务所内部治理 [M]．大连：东北财经大学出版社，2006．

[81] 中国注册会计师协会．中国注册会计师行业发展研究资料 [J]．经济科学出版社，2005．

[82] 中国注册会计师协会．关注（第二辑）[J]．中国注册会计师协

会，2005 - 12 - 31.

[83] 中国注册会计师协会. 注册会计师、注册评估师行业发展研究 [M]. 北京：中国财政经济出版社，2003.

[84] 中国注册会计师协会网站. 2002～2016 年度会计师事务所前百强数据，2017 - 5 - 10.

[85] 中国注册会计师协会. 2017 年度注册会计师教材——审计 [M]. 北京：经济科学出版社，2017 年 4 月.

[86] 中华人民共和国财政部. 关于加快发展我国注册会计师行业的若干意见 [J]. 会计研究，2009 年第 10 期.

[87] 中华人民共和国国务院办公厅. 转发财政部《关于加快发展我国注册会计师行业的若干意见》的通知 [Z]. 2009 年 10 月 3 日.

[88] 周道君. 审计质量与会计师事务所规模的实证研究 [A]. 吉林大学硕士论文，2006 年.

[89] 周红. "四大"的国际地位和中国审计市场结构优化 [J]. 会计研究，2005 年第 3 期.

[90] 周红. 法、英、美会计审计市场结构和集中度比较及其对中国的借鉴 [J]. 会计研究，2002 年第 10 期.

[91] 王善平，谢璟. 加盟非"四大"国际会计公司对会计师事务所审计定价的影响 [J]. 湖南师范大学社会科学学报，2015 年第 1 期.

[92] 陈胜蓝，马慧. 竞争压力、规模经济性与会计师事务所行业专长溢价 [J]. 会计研究，2015 年第 5 期.

[93] 李明辉，刘笑霞. 会计师事务所合并对审计质量之影响：来自中国资本市场的经验证据 [J]. 管理工程学报，2015 年第 1 期.

[94] 李燕，钟小娟. 会计师事务所审计收费影响因素研究 [J]. 会计之友，2016 年第 23 期.

[95] A. E. Mackay. What's Ahead for Multinational Accounting Firms? Vital Speeches of the Day, 1979, 10.

[96] Abidin, Shamharir. Audit market concentration and auditor choice in the UK. Dept. of Accounting, Finance and Law, University of Stirling. 2006, 8.

[97] Allen K. Hunt, Ayalew Lulseged. Client importance and non-Big 5 auditors' reporting decisions. Journal of Accounting and Public Policy, 2007.

[98] Allen T. Craswell, Jere R. Francis, Stephen L. Taylor. Auditor brand name reputations and industry specializations. Journal of Accounting and Economics, 1995, 12.

[99] Andrew Ferguson, Donald Stokers. Brand Name Audit Pricing, Industry Specialization, and Leadership Premiums post-Big 8 and Big 6 Mergers. Contemporary Accounting Research, 2002.

[100] Beattie, V. and Fearnley, S. Audit market competition: auditor changes and the impact of tendering. The British Accounting Review.

[101] Benedikt Koehler. Audit Market Failure. Economic Affairs, 2006, 9.

[102] Bond, David. The impact of the Arthur Andersen and Ernst & Young merger on the Australian audit services market. University of Technology Sydney. 2010.

[103] C. Michele Matherly. Discussion of: Growing a Nontraditional Accounting Firm Warren and Associates. Journal of information systems, 2004.

[104] Carel M Wolk, Stuart E Michelson, Charles W Wootton. Auditor concentration and market shares in the US: 1988 – 1989 a descriptive note. The British Accounting Review, 2001, 6.

[105] Charles Piot. Auditor concentration in a joint-auditing environment: the French market 1997 – 2003.

[106] Chatman, Jennifer A. Matching people and organizations: selection and socialization in public accounting firms. Administrative Science Quarterly, 1991.

[107] Chia-Chi Lee. Audit market structure and related changes in Taiwan: the effects of CPA qualification changes and mergers. Quality & Quantity, 2010, 6.

[108] Chris E. Hogan, Debra C. Jeter. Industry Specialization by Auditors. Auditing: A Journal of Practice & Theory, 1999.

[109] Christopher K. M. Pong. Auditor concentration: A replication and extension for the UK audit market 1991 ~ 1995. Journal of Business Finance & Accounting, 1999.

[110] Chuntao Li, Frank M. , Song et al. (2004), Audit Firm Size Effects in China's Emerging Audit Markets. Working paper, 2004.

[111] C. J. P. Chen, X. Su, X. Wu. Market competitiveness and Big 5 pricing: Evidence from China's binary market. The International Journal of Accounting, 2007.

[112] C. L. Comunale, T. R. Sexton. Current accounting investigations: effect on Big 5 market shares. Managerial Auditing Journal, 2003.

[113] D. H. Minyard, R. H. Tabor: The Effect of Big Eight Mergers on Auditor Concentration Accounting Horizons, 1991.

[114] Dan Li. Does auditor tenure affect accounting conservatism? Further evidence. Journal of Accounting and Public Policy, 2010, 6.

[115] Darren Duxbury, Peter Moizer, Wan Azmimi Wan-Mohamed. Effects of the Pricewaterhouse Coopers merger on the UK audit services market. Managerial Auditing Journal, 2007.

[116] Derek K. Chan, Kit Pong Wong. Scope of Auditors' Liability, Audit Quality, and Capital Investment. Review of Accounting Studies, 2002, 3.

[117] Divesh S. Sharma, Elfred Boo, Vineeta D. Sharma. The impact of non-mandatory corporate governance on auditors' client acceptance, risk and planning judgments. Accounting and Business Research, 2008.

[118] Elizabeth Carson, Neil Fargher, Daniel T. Simon and Mark H. Taylor. Audit Fees and Market Segmentation—Further Evidence on How Client Size Matters within the Context of Audit Fee Model. International Journal of Auditing, 2004, 3.

[119] Elizabeth Carson. Industry Specialization by Global Audit Firm Networks. The Accounting Review, 2009, 3.

[120] Emilie Feldman. A Basic Quantification of the Competitive Implica-

tions of the Demise of Arthur Andersen. Review of Industrial Organization, 2006.

[121] G. Morello. Big Six Accounting Firms Shop Worldwide for Law Firms: Why Multi-Discipline Practices Should Be Permitted in the United States. Fordham International Law Journal, 1997.

[122] G. J. Previts & B. D. Merino: A History of Accounting in America. 1979.

[123] GAO. Accounting Firms Consolidation: Views of Survey Large Public Companies on Auditing Fees, Quality, Independence, and choice [R]. 2003. 9.

[124] GAO. Public Accounting Firms: Mandated Study on Consolidation and Competition [R], 2003. 7.

[125] Gary John Previts & Barbara Dubis Merino. 美国会计史——会计的文化意义 [M]. 北京：中国人民大学出版社，2009.

[126] HAN S. -K. Inducing homogeneity in the audit services market: A cross-industry analysis. Sociological forum, 2000.

[127] Hay, D. , and W. R. Knechel, N. Wong: Audit fees: A meta-analysis of effect of supply and demand attributes. Working paper, available at www. ssrn. com. 2004.

[128] Henock Louis. Acquirers' abnormal returns and the non-Big 4 auditor clientele effect. Journal of Accounting and Economics, 2005, 12.

[129] Ilias G. Basioudis. Auditor's Engagement Risk and Audit Fees: The Role of Audit Firm Alumni. Journal of Business Finance & Accounting, 2007.

[130] Jacqueline S Hammersley. Pattern Identification and Industry-Specialist Auditors. The Accounting Review, 2006, 3.

[131] James A. Largay III, Editor. Lessons from Enron. Accounting Horizons. June 2002.

[132] Jane Hamilton, Yang Li, Donald Stokes. Is the audit services market competitive following Arthur Andersen's collapse? Accounting and Finance, 2008, 6.

[133] Jayanthi Krishnan. Client Industry Competition and Auditor Industry Concentration. Journal of Contemporary Accounting & Economics, 2005, 12.

[134] Jen C. Ireland, Clive S. Lennox. The Large Audit Firm Fee Premium: A Case of Selectivity Bias? Journal of accounting auditing and finance, 2002, 1.

[135] Jennifer J. Gaver, Jeffrey S. Paterson. The influence of large clients on office-level auditor oversight: Evidence from the property-casualty insurance industry. Journal of Accounting and Economics, 2007, 7.

[136] Jeong-Bon Kim, Cheong H. Yi. Does auditor designation by the regulatory authority improve audit quality? Evidence from Korea. Journal of Accounting and Public Policy, 2009.

[137] Jere R. Francis, Michael D Yu. Big 4 Office Size and Audit Quality. The Accounting Review, 2009, 9.

[138] Jere R. Francis and Donald J. Stokes. Audit Prices, Product Differentiation, and Scale Economies: Further Evidence from the Australian Market. Journal of Accounting Research, 1986.

[139] Jochen Bigus and Ruth-Caroline Zimmermann. Non-Audit Fees, Market Leaders and Concentration in the German Audit Market: A Descriptive Analysis. International Journal of Auditing, 2008, 10.

[140] Jen C. Ireland, Clive S. Lennox. The Large Audit Firm Fee Premium: A Case of Selectivity Bias? Journal of accounting auditing and finance, 2002, 1.

[141] Jennifer J. Gaver, Jeffrey S. Paterson. The influence of large clients on office-level auditor oversight: Evidence from the property-casualty insurance industry. Journal of Accounting and Economics, 2007, 7.

[142] Jeong-Bon Kim, Cheong H. Yi. Does auditor designation by the regulatory authority improve audit quality? Evidence from Korea. Journal of Accounting and Public Policy, 2009.

[143] Jere R. Francis, Michael D Yu. Big 4 Office Size and Audit Quali-

ty. The Accounting Review, 2009, 9.

[144] Jere R. Francis and Donald J. Stokes. Audit Prices, Product Differentiation, and Scale Economies: Further Evidence from the Australian Market. Journal of Accounting Research, 1986.

[145] Jochen Bigus and Ruth-Caroline Zimmermann. Non-Audit Fees, Market Leaders and Concentration in the German Audit Market: A Descriptive Analysis. International Journal of Auditing, 2008, 10.

[146] Jochen Bigus and Ruth-Caroline Zimmermann. Non-Audit Fees, Market Leaders and Concentration in the German Audit Market: A Descriptive Analysis. International Journal of Auditing, 2008, 10.

[147] Jonathan. Lynn Turner, Lesson for Auditors in Enron's Collapse, New York Time, 2001, December 2.

[148] Jong-Hag Choi, Chansog (Francis) Kim, Jeong-Bon Kim, and Yoonseok Zang. Audit Office Size, Audit Quality, and Audit Pricing. Auditing: A Journal of Practice & Theory, 2010.

[149] Joseph Aharony, Amihud Dotan. A Comparative Analysis of Auditor, Manager and Financial Analyst Interpretations of SFAS 5 Disclosure Guidelines. Journal of Business Finance & Accounting, 2004.

[150] K. Hung Chan, Donghui Wu. Aggregate Quasi Rents and Auditor Independence: Evidence from Audit Firm Mergers in China. 2009.

[151] K. Hung Chan, Kenny Z. Lin, Phyllis Lai-lan Mo. A Political-economic Analysis of Auditor Reporting and Auditor Switches. Review of Accounting Studies, 2006, 3.

[152] Kam-Wah Lai. Economies of Scale and Industry Specialist Audit Pricing: Evidence from Audit Firm Merger in Hong Kong. 2005, 11.

[153] Kathy R. Petroni, Mark S. Beasley. Errors in Accounting Estimates and their Relation to Audit Firm Type. Journal of Accounting Research, 1996.

[154] Kenton B. Walker and Eric N. Johnson. A review and synthesis of research on supplier concentration, quality and fee structure in non-U. S. markets

for auditor services. The International Journal of Accounting, 1996, 1.

[155] Kevin P. McMeeking, Ken V. Peasnell, Peter F. Pope. The effect of large audit firm mergers on audit pricing in the UK. Accounting and Business Research, 2007.

[156] Kimberly A. Dunn, Brian W. Mayhew. Audit Firm Industry Specialization and Client Disclosure Quality. Review of Accounting Studies, 2004, 3.

[157] Laura Empson. Fear of Exploitation and Fear of Contamination: Impediments to Knowledge Transfer in Mergers between Professional Service Firms. Human Relations, 2001, 7.

[158] Laura Empson. Organizational identity change: managerial regulation and member identification in an accounting firm acquisition. Accounting, Organizations and Society, 2004, 11.

[159] Lawrence A. Cunningham. Too Big to Fail: Moral Hazard in Auditing and the Need to Restructure the Industry before It Unravels. Columbia Law Review, 2006, 10.

[160] Linda Elizabeth DeAngelo. Audit quality and Auditor size. Journal of Accounting and Economics, 1981, 12.

[161] Loux. Orchard: Big-Four vs. Non-Big-Four Audit Quality: New Evidence. Wichita State University. May 2006.

[162] M. Salehia, V. Rostami. Audit Expectation Gap: International Evidences. International Journal of Academic Research, 2009, 9.

[163] Mark A. Clatworthy, Gerald H Makepeace, Michael J Peel. Selection bias and the Big Four premium: new evidence using Heckman and matching models. Accounting and Business Research, 2009.

[164] Mark E. Peecher. Discussion of "Pricing and Supplier Concentration in the Private Client Segment of the Audit Market: Market Power or Competition?" The International Journal of Accounting, 2003.

[165] Mark L. DeFond, T. J. Wong and Shuhua Li. The impact of improved auditor independence on audit market concentration in China. Journal of

Accounting and Economics. 1999, 12.

[166] Mark S. Beasley, Kathy R. Petroni. Board Independence and Audit Firm Type. Auditing, 2001.

[167] Marleen Willekens, Christina Achmadi. Pricing and supplier concentration in the private client segment of the audit market: Market power or competition? The International Journal of Accounting, 2003.

[168] Marleen Willekens, Dan A Simunic. Precision in auditing standards: effects on auditor and director liability and the supply and demand for audit services. Accounting and Business Research, 2007.

[169] Marleen Willekens. Reply to discussion of "Pricing and supplier concentration in the private client segment of the audit market: Market power or competition?" The International Journal of Accounting, 2003.

[170] Mary W. Sullivan. The Effect of the Big Eight Accounting Firm Mergers on the Market for Audit Services. Journal of Law and Economics, 2002, 10.

[171] Michael Firth, Thomas Lau. Audit pricing following mergers of accounting practices: evidence from Hong Kong. Accounting and Business Research, 2004.

[172] Michael Firth. Auditor-provided consultancy services and their associations with audit fees and audit opinions. Journal of Business Finance & Accounting, 2002.

[173] Michael J. Peel. UK auditor concentration: A descriptive note. Accounting and Business Research, 1997.

[174] Michael Willenborg. Discussion of "Brand Name Audit Pricing, Industry Specialization, and Leadership Premiums post-Big 8 and Big 6 Mergers". Contemporary Accounting Research, 2010, 1.

[175] Nabil Baydoun. Research note: the impact of personal connection on auditor concentration. The International Journal of Accounting, 1999, 6.

[176] Nancy A. Bagranoff, Leslie D. Turner. Growing a Nontraditional Ac-

counting Firm Warren and Associates. Journal of information systems, 2004.

[177] Neal M. Ashkanasy, Scott Holmes. Perceptions of organizational ideology following merger: A longitudinal study of merging accounting firms. Accounting, Organizations and Society, 1995, 1.

[178] Neil Fargher, Mark H. Taylor, Daniel T. Simon: The Demand for Auditor Reputation across International Markets for Audit Services. The International of Journal of Accounting. 2001.

[179] Nen-Chen Richard Hwang, C. Janie Chang. Litigation environment and auditors' decisions to accept clients' aggressive reporting. Journal of Accounting and Public Policy, 2010, 6.

[180] Nieves Carrera, Salvador Carmona, Isabel Gutiérrez. Human capital, age and job stability: evidence from Spanish certified auditors (1976 – 1988). Accounting and Business Research, 2008.

[181] Ole-Kristian Hope, John Christian Langli. Auditor Independence in a Private Firm and Low Litigation Risk Setting. The Accounting Review. Sarasota, 2010, 3.

[182] Omrane Guedhami, Jeffrey A Pittman, Walid Saffar. Auditor choice in privatized firms: Empirical evidence on the role of state and foreign owners. Journal of Accounting & Economics. Amsterdam, 2009, 12.

[183] Paul Danos and John W. Eichenseher. Audit Industry Dynamics: Factors Affecting Changes in Client-Industry Market Shares. Journal of Accounting Research, 1982.

[184] Paul Danos and John W. Eichenseher. Long-Term Trends toward Seller Concentration in the U. S. Audit Market. The Accounting Review, 1986, 10.

[185] Paul Healy, Thomas Lys. Auditor changes following big eight mergers with non-big eight audit firms. Journal of Accounting and Public Policy, 1986.

[186] Qian Wang, T. J. Wong, Lijun Xia. State ownership, the institutional environment, and auditor choice: Evidence from China. Journal of Ac-

counting & Economics, 2008, 9.

[187] Rachel Baskerville, David Hay. The effect of accounting firm mergers on the market for audit services: New Zealand evidence. Abacus. 2006, 3.

[188] Rajib Doogar, Robert F. Easley. Concentration without differentiation: A new look at the determinants of audit market concentration. Journal of Accounting and Economics, 1998, 6.

[189] Rajiv D. Banker: The Public Accounting Industry Production Function, Temple University Journal of Accounting and Economics, Vol. 35, No. 2, April 2003.

[190] Ramesh Narasimhan & Shifei Chung. Auditor Concentration of Listed Public Companies on International Stock Exchanges. Journal of International Financial Management & Accounting, 2002, 12.

[191] Randolph A. Shockley and Robert N. Holt. A Behavioral Investigation of Supplier Differentiation in the Market for Audit Services. Journal of Accounting Research, 1983.

[192] Reiner Quick, Matthias Wolz. Concentration on the German audit market-an empirical analysis of the concentration on the German market for stock corporation audits. International Journal of Auditing, 1999, 11.

[193] Ronald A. Dye. Incorporation and the audit market. Journal of Accounting and Economics, 1995, 2.

[194] S. Lowensohn, L. E. Johnson, R. J. Elder, S. P. Davies. Auditor specialization, perceived audit quality, and audit fees in the local government audit market. Journal of Accounting and Public Policy, 2007.

[195] S. Maijoor, W. Buijink, A. V. Witteloostuijn, M. Zinken. Long-Term Concentration in the Dutch Audit Market: The Use of Auditor Association Membership Lists in Historical Research. Abacus, 2005, 7.

[196] S. Mansi, W. F. Maxwell and D. P. Miller. Does Auditor Quality and Tenure Matter to Investors? Evidence from the Bond Market, Journal of Accounting Research, 2004, 7.

[197] Sassoon Bar-Yosef, Bharat Sarath. Auditor Size, Market Segmentation and Litigation Patterns: A Theoretical Analysis. Review of Accounting Studies, 2005, 3.

[198] Shamharir Abidin, Vivien Beattie, Alan Good acre. Audit market structure, fees and choice in a period of structural change: Evidence from the UK-1998 – 2003. The British Accounting Review, 2010, 4.

[199] SHIN-KAP HAN. Mimetic isomorphism and its effect on the audit services market. Social forces, 1994.

[200] Sidney E. Harris. The Deloitte & Touche Merger Decision: Lessons Learned from a Successful Merger. Organizational Dynamics, 2010.

[201] Stanley D. Tonge, Charles W. Wootton. Auditor concentration and competition among the large public accounting firms: Post-merger status and future implications. Journal of Accounting and Public Policy, 1991.

[202] Steven F Cahan, Jayne M Godfrey, Jane Hamilton, Debra C Jeter. Auditor Specialization, Auditor Dominance, and Audit Fees: The Role of Investment Opportunities. The Accounting Review, 2008, 11.

[203] Steven F Cahan, Wei Zhang. After Enron: Auditor Conservatism and Ex-Andersen Clients. The Accounting Review, 2006, 1.

[204] Sumithira Thavapalan, Robyn Moroney, Roger Simnett. The effect of the Pricewaterhouse Coopers merger on auditor concentration in Australia: A note. Accounting and Finance, 2002, 7.

[205] Tonge S. D. and C. W. Wootoon. Auditor concentration and competition among the large public accounting firms: Post-merger status and future implications. Journal of Accounting and Public Policy 1991, 10 (2): 157-172.

[206] Vivien A. Beattie, Alan Goodacre, Stella Fearnley. And Then There Were Four: A Study of UK Audit Market Concentration-Causes, Consequences and the Scope for Market Adjustment. University of Stirling. 2003.

[207] Volker Laux, D Paul Newman. Auditor Liability and Client Acceptance Decisions. The Accounting Review, 2010, 1.

［208］ Wootton C. W. , S. D. Tonge and C. M. Wolk. From the "Big Eight" to the "Big Six" accounting firms. The Ohio CPA Journal 1990, 49（1）: 19 – 23.

［209］ Xiao Hong Liu, Dan A Simunic. Profit Sharing in an Auditing Oligopoly. The Accounting Review, 2005, 4.

［210］ Zeff, Stephen A: How the U. S Accounting Profession Got Where it is Today: Part I［J］. Accounting Horizon, 2003,（Sep）: 189 – 205.

［211］ 杨忠城，陈燕锡，蔡宗益. 合并对台湾会计师事务所经营效率研究. The International Journal of Accounting Studies, 2003, 1.

后　记

　　当专著修改写成之际，我的内心万分激动、感慨诸多。毕竟三年博士的求学生涯是我人生旅途中最重要的阶段之一，能把博士论文修改成专著出版，是难得的机会，我一直担心自己的文章对广大读者来说没有什么实质性的作用，如果是这样，那么我出专著是对社会资源的一种浪费，所以一直怀着忐忑的心情来出这本书。工作多年后能再重温学生生涯，倍感珍惜。感谢母校给予我读博深造的机会，感谢一直以来给予我支持和帮助的所有人。

　　感谢我的博士生涯的导师陈少华教授的悉心指导，在我的人生转折期，收下了我这个学生，让我的未来变得完全不一样了。陈老师无论在学习、研究还是生活上都给了我许多的指导，陈老师严谨的治学态度、渊博的理论知识和豁达的人生观对我产生了深刻的影响，从陈老师身上，我不仅学到了专业知识，还学习了为人处事的道理。对于我，这是一笔终生享用不尽的宝贵财富。恩师对我的付出与照顾令我终生难忘，感激之情非言语所能形容。

　　我还要感谢我的家人，他们给予我太多的包容和支持，他们的关爱和付出是无法用语言来表达的。在我的生活中承载着亲人们太多的无私关怀，他们对我不遗余力的支持永远是我前行的动力。

　　最后，还要感谢我的母校——厦门大学对我的培育，感谢我所工作的厦门理工学院，为我撰写这篇专著所提供的条件与资助。

作　者

2018 年 10 月